中南财经政法大学经贸系列文库

中国企业
对外直接投资研究

ZHONGGUO QIYE
DUIWAI ZHIJIE TOUZI YANJIU

宋伟良／著

中国财经出版传媒集团
经济科学出版社
Economic Science Press

图书在版编目（CIP）数据

中国企业对外直接投资研究/宋伟良著.—北京：
经济科学出版社，2019.8
（中南财经政法大学经贸系列文库）
ISBN 978-7-5218-0435-5

Ⅰ.①中… Ⅱ.①宋… Ⅲ.①企业-对外投资-直接投资-研究-中国 Ⅳ.①F279.23

中国版本图书馆 CIP 数据核字（2019）第 061123 号

责任编辑：王柳松
责任校对：王肖楠
版式设计：齐　杰
责任印制：李　鹏

中国企业对外直接投资研究

宋伟良/著
经济科学出版社出版、发行　新华书店经销
社址：北京市海淀区阜成路甲 28 号　邮编：100142
总编部电话：010-88191217　发行部电话：010-88191522
网址：www.esp.com.cn
电子邮箱：esp@esp.com.cn
天猫网店：经济科学出版社旗舰店
网址：http://jjkxcbs.tmall.com
北京季蜂印刷有限公司印装
880×1230　32 开　5.75 印张　170 000 字
2019 年 8 月第 1 版　2019 年 8 月第 1 次印刷
ISBN 978-7-5218-0435-5　定价：39.00 元
(图书出现印装问题，本社负责调换。电话：010-88191510)
(版权所有　侵权必究　打击盗版　举报热线：010-88191661
QQ：2242791300　营销中心电话：010-88191537
电子邮箱：dbts@esp.com.cn)

前言

　　1979年11月，由中国北京市友谊商业服务公司与日本东京九一商事株式会社合资在日本东京市开办了京和股份有限公司，建立了中国对外开放以来第一家海外合资企业，标志着中国企业跨国经营的开始。[1] 中国企业对外直接投资的大幕由此拉开。随着"走出去"战略的不断深入，"一带一路"建设的稳步推进，中国企业对外直接投资规模逐渐增加，投资区域不断扩大，投资业务逐步涉及国民经济的各个行业。截至2017年底，中国2.55万家境内投资者在境外共设立对外直接投资企业3.92万家，分布在全球189个国家和地区，境外企业资产总额达到6万亿美元，对外直接投资存量达到18090.4亿美元。[2] 由此可见，中国对外直接投资经过近40年的发展取得了巨大的成就，对中国经济增长发挥着巨大的推动作用。但是，中国企业在对外投资的过程中也遇到一些困难和问题，遭遇到一些发展"瓶颈"和制约，出现了一些非理性投资行为。中

---

[1] 鲁桐. WTO与中国企业国际化 [M]. 北京：经济管理出版社，2007.
[2] 中国对外投资发展报告2018. 见商务部网站 [EB/OL]. http://www.mofcom.gov.cn/article/gzyb/.

国对外直接投资如何健康、稳健发展，已是当前十分紧迫值得研究的课题。

本书从中国企业对外直接投资的现状分析入手，分别探讨中国企业对外直接投资的区位选择、产业选择、方式选择、政策选择，以及对外直接投资的风险及防范等问题，希望能对中国企业对外直接投资提供一些借鉴和思考。

在投资现状方面。目前，中国企业对外直接投资总体上表现出投资规模增长迅速，投资区域分布集中，投资主体多元化和投资方式多样化等特征。虽然中国对外直接投资发展迅速，但在这方面也暴露出一些问题，亟待进一步改善。例如，国际规则制定参与程度较低，企业对外直接投资融资困难，企业国际化能力欠缺，缺乏国际化人才及海外投资风险高等。

在区位选择方面。影响海外投资区位选择的因素，主要包括母国因素、东道国因素和双边因素。根据中国目前所处的经济和社会发展阶段，中国企业在布局投资区位时，应注意发展中国家与发达国家并重。一方面，要继续推进对发展中国家的直接投资，加快我国过剩产能的产业转移；另一方面，也要加大对发达国家的投资，在投资活动中学习发达国家的先进技术和管理经验，以实现中国自身的经济结构、产业结构升级。

在产业选择方面。对外直接投资的产业选择，不仅关系到母国的产业结构调整和优化，而且对母国企业的经济效益也会带来较大的影响。影响对外直接投资产业选择的因素，主要包括东道国的资源禀赋、东道国市场因素和国家政策导向等。正确的产业选择，既可以实现企业的自身利益，也有利于国家的产业结构升级。由此，结合中国目前所处的国内外经济环境分析，中国企业应加大现代服务业和产能过剩行业的对外直接投资；扩大对高新技术产业的投资；另外，资源开发业仍将是中国对外直接投资的重要领域。

在投资方式选择方面。目前，中国企业对外直接投资主要采用

"绿地"投资（greenfield investment）和跨国并购（cross-border merger and acquisition）两种方式。2016年，中国企业跨国并购占比达到50.40%，超过了"绿地"投资，这说明跨国并购已成为中国企业对外直接投资的主要方式。一般来讲，投资方式的选择，会受到企业层面、产业层面和国家层面三方面因素的影响。所以，企业选择绿地投资或跨国并购时，一要充分关注企业自身的技术水平和跨国经营能力；二要了解产业竞争和需求变化状况；三要充分研究东道国的经济制度环境。

在政策选择方面。1978年以来，中国对外直接投资的政策经历了一系列演变，由最初的限制性政策向现在的鼓励性政策转变。为了给对外直接投资企业提供强有力的政策支持与保障，政府不断尝试出台适应形势变化的新政策，对外投资政策体系不断完善，但仍存在一些问题亟待解决。如投资管理体制问题、保障制度问题、服务支持体系问题等。完善的对外投资政策体系，可以更好地引导和支持中国企业"走出去"，因此，建立健全相关法律法规和经济政策具有重要的意义。针对目前存在的主要问题，我们应该尽快建立境外投资法律体系；完善对外投资的监管体制；健全对外投资的保障制度；完善对外投资的支持体系和服务体系。

在海外投资风险与防范方面。随着中国对外直接投资的高速发展，中国企业在海外面临的投资风险也越来越多，主要包括政治风险、经济风险和外交风险等传统型风险，也包括环境风险、社会风险和治理风险等非传统型风险。在很多情形下，企业跨国经营过程中所面临的政治风险、法律风险、劳工风险、环境风险等是相互联系、相互作用的，往往会给中国对外直接投资企业带来极大危害。因此，中国企业在对外直接投资过程中必须大幅提升风险管理意识与防范意识，构建系统、全面的风险防控体系，以尽可能地降低风险事件发生的概率，促进中国对外直接投资持续、稳健发展。具体来说，中国企业应该从不断完善海外直接投资风险防范机制，强化合规经营，积极履行企业社会责任，建立与东道国企业工会良好的沟通机制和信任机制四个方面，提升对外直接投资风险防范能力。

目前，全球经济处于低速增长期，贸易保护主义抬头，美国和欧盟纷纷出台了一些限制投资的政策，这无疑给中国企业对外直接投资增加了难度。另外，"一带一路"沿线国家虽然投资机遇大，但客观上存在较大的投资风险。如何在当前全球经济环境中合理开展对外直接投资活动，实现投资利益最大化，这些问题都值得我们深入思考和研究。

本书能够顺利出版，离不开王柳松编辑的大力支持，王编辑付出了辛勤的劳动和汗水，在此表示衷心感谢！

宋伟良

2019年1月于晓南湖

目 录

第一章　对外直接投资理论述评 / 1

　　第一节　发达国家对外直接投资理论 / 2
　　第二节　发展中国家对外直接投资理论 / 16

第二章　中国企业对外直接投资的发展现状 / 26

　　第一节　中国企业对外直接投资的发展历程 / 26
　　第二节　中国企业对外直接投资的发展特点 / 34
　　第三节　中国企业对外直接投资存在的问题 / 47

第三章　中国企业对外直接投资的区位选择 / 53

　　第一节　对外直接投资区位选择理论回顾 / 53
　　第二节　中国企业对外直接投资区位选择的现状 / 61
　　第三节　对外直接投资区位选择的影响因素 / 70
　　第四节　中国企业对外直接投资区位选择的战略布局 / 77

第四章　中国企业对外直接投资的产业选择 / 82

　　第一节　对外直接投资产业选择的理论分析 / 82
　　第二节　中国企业对外直接投资的产业变迁与分布特点 / 84
　　第三节　对外直接投资产业选择的影响因素 / 92
　　第四节　中国企业对外直接投资产业选择的建议 / 96

第五章　中国企业对外直接投资的方式选择 / 100

　　第一节　中国企业对外直接投资的主要方式 / 100
　　第二节　对外直接投资方式演变及成因 / 110
　　第三节　对外直接投资方式选择的影响因素 / 115
　　第四节　中国企业对外直接投资方式选择策略 / 120

第六章　中国对外直接投资的政策选择 / 125

　　第一节　中国对外直接投资的政策演变 / 125
　　第二节　中国对外直接投资政策存在的主要问题 / 137
　　第三节　发达国家对外直接投资的政策体系 / 144
　　第四节　完善中国对外直接投资政策体系的对策建议 / 149

第七章　中国企业对外直接投资的风险与防范 / 154

　　第一节　中国企业对外直接投资的主要风险 / 154
　　第二节　中国企业对外直接投资的风险防范 / 162

参考文献 / 170

第一章

对外直接投资理论述评

第二次世界大战之后,在全球经济一体化的影响下,对外直接投资也随之不断深化扩展。随着国际直接投资对世界经济的影响不断加深,传统的国际资本流动理论已很难解释在对外直接投资中出现的一些新现象。这吸引了许多学者对国际直接投资展开深入研究,涌现出越来越多的国际直接投资理论。

一般认为,美国学者、麻省理工学院教授斯蒂芬·海默（Stephen Hymer, 1960）是对国际直接投资进行理论探索的先行者。[①] 他开创性地将传统的产业组织理论应用于企业对外直接投资分析,提出了垄断优势理论。此后,西方经济学家根据对外直接投资的动机和条件,提出了一系列理论和模型。已经形成了数十种国际直接投资理论流派。例如,由雷蒙德·弗农（Raymond Vermon, 1966）提出的产品生命周期理论,由 P. J. 巴克莱和 M. 卡森（P. J. Buckley and M. Casson, 1976）提出的内部化理论,由 J. H.

---

① 江小涓,杜玲. 国外跨国投资理论研究的最新进展 [J]. 世界经济, 2001 (6): 71~77.

邓宁（J. H. Dunning，1976）提出的国际生产折中理论，以及由小岛清（Kiyoshi Kojima，1978）提出的比较优势理论等。应该指出，无论是从数量上还是从经营规模上来说，国际直接投资的主体都是来自发达国家的跨国公司，而这些跨国公司也是主流跨国公司理论的主要研究对象。20 世纪 70 年代以后，随着新兴工业化国家的兴起，来自发展中国家的跨国公司逐步发展成熟。作为后发国家的跨国公司，它们在竞争优势和行为特点上与前者有明显的不同，因此，针对发展中国家的对外直接投资理论逐渐发展。

目前，学术界普遍认为，现代国际直接投资理论产生于 20 世纪 60 年代，其研究领域主要集中在对外直接投资动机、投资流向、投资决策等方面。由于各学派研究问题的方法和观察问题的角度不尽相同，所以在理论学说上众说纷纭，尚未形成比较公认、统一的国际直接投资理论学说。本章将对其中具有代表性的对外直接投资理论做一个系统回顾。

第一节　发达国家对外直接投资理论

20 世纪 60 年代以来，跨国公司的海外投资成为经济学家们的主要研究对象，他们以现代微观经济理论为基础，形成了诸多对外直接投资理论学派。但在国际上长期占主流地位的，是以发达国家跨国公司的发展为背景，解释发达国家跨国公司经营活动的相关理论。

一、垄断优势理论

垄断优势理论又被称为"海默－金德尔伯格模式"，最早由斯蒂芬·海默（Stephen Hymer）提出。斯蒂芬·海默于 1960 年在其博士论文《国内企业的国际化经营：对外直接投资的研究》中将垄断优势应用在对外直接投资分析之中，通过垄断优势理论来解释美国的对外直接投资活动。后来，此理论经斯蒂芬·海默的导师C. P. 金德尔伯格（C. P. Kindleberger）进一步完善，最终形成了系统、成熟的对外直接投资理论。

（一）垄断优势理论的主要内容

传统的国际资本流动理论以完全竞争市场为假设前提，认为国际资本流动的根本原因在于寻求高利率。斯蒂芬·海默认为，在完全竞争市场中，由于生产要素与产品市场是完全的，那么，任何企业都不会获得垄断优势，企业便不存在对外直接投资的动机。同时，斯蒂芬·海默提出传统的国际资本流动理论只适用于对证券投资方式的解释，不能用于分析对外直接投资。斯蒂芬·海默说："如果美国公司对外直接投资的原因在于国外的利率高于美国，那么，为什么大批美国公司在海外借款投资建厂？为什么大量的外国投资进入美国？这显然与传统资本流动理论是矛盾的。"[①] 据此，斯蒂芬·海默提出了垄断优势理论，其主要内容包括以下几点。

1. 产生垄断优势的根本原因在于市场不完全

斯蒂芬·海默指出："任何关于跨国经营和国际直接投资的讨论都涉及垄断问题，而垄断优势是市场不完全竞争的产物。"[②]

市场不完全体现在四个方面：一是不完全的产品市场。例如，新产品和某些特定的营销技巧等。二是不完全的要素市场。例如，技术、知识、无形资产和生产诀窍、新工艺等；三是规模经济导致的市场不完全，包括内部规模经济和外部规模经济。内部规模经济是指，企业通过扩大生产规模获得成本的降低。外部规模经济是

[①] 王林生. 跨国经营理论与战略 [M]. 北京：对外经济贸易大学出版社，2003.

[②] S. Hymer. International Operations of National Firms：A Study of Direct Foreign Investment [D]. Doctoral Dissertation Massachusetts Institute of Technology, 1960：85–86.

指,企业通过产业聚集效应带来的信息、运输等成本的降低。四是纳税、关税壁垒及非关税壁垒导致的市场不完全。在前三种市场不完全情况下,企业能够拥有某种垄断优势。而最后一种市场不完全情况,往往是企业开展对外直接投资的动因。

2. 垄断优势是企业对外直接投资的主要驱动力

斯蒂芬·海默提出,一个企业进行对外直接投资的根本驱动力,是可以通过相对于投资东道国具有的垄断优势来获得收益。跨国经营企业在对外直接投资过程中,常常会面临经济风险、政治风险、法律风险以及社会风险等。因此,与东道国本土企业相比,这些企业处于较为不利的地位。但是,如果跨国经营企业在国内拥有专有技术、资金、定价能力、经营管理技能、特殊的营销技巧等独占性的生产要素从而获得垄断优势,就能够抵消其在东道国市场上面临的各种风险与成本,获得与东道国企业进行竞争的独特优势。

综上所述,斯蒂芬·海默认为,开展对外直接投资需要具备两个方面的条件:一是企业必须拥有某种垄断优势,从而在东道国市场上建立竞争优势;二是市场是不完全的,这既是企业获得垄断优势的前提,也是企业能够维持这种垄断优势的必要条件。

(二) 垄断优势理论的评价

垄断优势理论有力地解释了"二战"后美国一些实力雄厚的跨国公司进行海外直接投资的现象。同时,对于后来形成的由发达国家主导的国际直接投资格局,该理论也作出了较好的解释。从垄断优势理论的意义来看,一方面,垄断优势理论首创性地从生产领域来研究国际资本流动,这一思路深刻影响了后续理论的发展;另一方面,垄断优势理论以不完全市场为理论前提,为当代对外直接投资理论提供了重要的研究思路和理论基础。但是,垄断优势理论也有偏颇之处:首先,该理论认为,企业进行对外直接投资的根本原因是企业具备了某种垄断优势，忽略了其他因素的影响。其次，它只是从静态角度对跨国公司的垄断优势做了分析，并没有考虑到跨国公司竞争优势的动态变化与发展。再次，该理论只是阐明了企业进行对外直接投资的条件与动因，并没有全面分析企业对外直接投资的区位选择和产业选择。最后，该理论难以解释发达国家之间的投资行为和发展中国家的对外直接投资行为。

二、产品生命周期理论

产品生命周期理论来源于美国经济学家雷蒙德·弗农（Raymond Vernon）在其1966年发表的《产品周期中的国际投资和国际贸易》[①]一文。产品生命周期理论以美国对外直接投资企业为研究对象，对企业对外直接投资的区位选择进行了分析。产品生命周期指，一种新产品从进入市场到被市场淘汰的整个过程。雷蒙德·弗农认为，这一过程实际上是垄断优势的动态转移和发展过程，对外直接投资的区位选择伴随着技术扩散和产品不同发展阶段而发生动态变化。

（一）产品生命周期理论的基本内容

在产品生命周期理论中，世界上的国家被雷蒙德·弗农划分为三类，分别是发达国家、次发达国家和发展中国家。雷蒙德·弗农认为，在产品生命周期中，国际直接投资区位流向是从发达国家到次发达国家，再到发展中国家。

第一阶段，是创新阶段即新产品阶段。在此阶段，发达国家新的创造发明刚从试验状态转入商业实用状态，技术还不完善，产品还没有定型，需要根据本国消费者的需求不断地改进产品，同时，保证原材料与零部件供应的稳定性。在这种情况下，产品生产只能

---

① R. Vernon. International Investment and International Trade in the Product Cycle [J]. Quarterly Journal of Economics, 1966, 80: 190 – 207.

集中在国内进行,以便及时掌握市场动态变化从而降低成本,然而,对于国外市场(其他发达国家)的产品需求,则主要是发明创造的国家以出口的方式来满足,此时,发明国无须承担更高的风险和成本进行对外直接投资。

第二阶段,是产品成熟期。在这一阶段,产品的相关技术已经基本成熟,而产品也相对完善,处于基本定型的状态,而国内外对该产品的需求也相对增长,发明国会扩大生产规模获取规模经济以降低成本。同时,在市场上出现了众多模仿者,国外市场会设置贸易壁垒减少从发明国的进口,以此来保护国内同类企业。此时,发明国的垄断优势被削弱,创新企业为了保持其竞争优势,也为了避开贸易壁垒,会通过对外直接投资来降低其生产成本和运输成本。具体表现为,发达国家在国外建立子公司就地生产、销售,或者向第三国销售,其投资区位通常是那些与发达国家具有相似收入水平和技术水平的次发达国家。

第三阶段,是产品的标准化阶段。在这一阶段,相关技术和产品都已经达到完全的标准化,发明国对产品具有的技术优势不再存在,此阶段产品的竞争主要体现在价格竞争上。为了保持产品的竞争优势,生产活动会被转移到劳动力成本相对低廉的发展中国家或地区,而标准化的技术也随之被转让。此时,国内对该类产品的生产开始大幅减少甚至直接停产,通过从发展中国家的进口来满足本国的产品需求。当发明国从最初的净出口国转变为净进口国,该产品的生命周期在发明国就已经基本结束。

一个完整的产品生命周期,见图 1-1。发明国(美国)在 T_0 点时开始生产新产品,T_1 点起开始向其他发达国家(西欧国家)出口该产品,$T_0 \sim T_2$ 为产品生命周期的第一阶段。从 T_2 点起,其他发达国家开始生产该产品,从发明国的进口量减少,在 T_3 点时其他发达国家成为该产品的净出口国,$T_2 \sim T_4$ 为产品生命周期的第二阶段。在这一阶段,创新国开始进行对外直接投资。发展中国家从 T_2

点起开始进口发明国的新产品，之后，开始仿制生产该产品，逐渐减少进口量。在 T_4 点，产品开始进入生命周期的最后阶段，在该点，发明国停止产品的出口，开始转向进口。在进入产品生命周期最后阶段之后，发明国的技术优势完全不存在了。在这一阶段，企业为了获得价格竞争优势，开始向劳动力成本低的国家进行对外直接投资，在发展中国家进行生产之后返销母国，发展中国家最终成为该产品的净出口国。

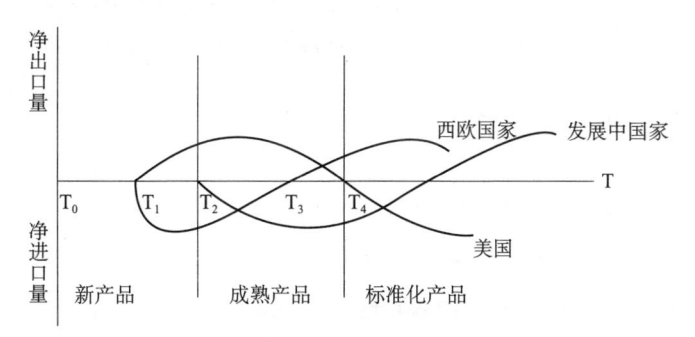

图 1-1 产品生命周期理论

资料来源：弗农. 产品生命周期. 转引自吴文武. 跨国公司新论 [M]. 北京：北京大学出版社，2000.

（二）对产品生命周期理论的评价

产品生命周期理论以产品比较优势的动态转移为基础来研究国际贸易和国际直接投资，并将东道国的劳动力优势与企业的技术优势相结合，用来解释国际生产格局的形成和变化，阐明了"二战"后发达国家的国际贸易和对外直接投资行为的动因。

但是，产品生命周期理论并不全面，存在一定偏颇。首先，产品生命周期理论以"二战"后美国企业对西欧国家的对外直接投资为主要研究对象，这些企业普遍具有技术垄断优势，并且试图通过国际化生产经营来利用、维持这种垄断优势，是一种保护性的被动

行为，然而，如今对外直接投资变成了一种主动性措施。因此，产品生命周期理论无法解释自20世纪70年代以来西欧和日本对美国的大规模直接投资活动，也无法解释近年来没有技术垄断优势的发展中国家迅速发展的对外直接投资现象。其次，产品生命周期理论将产品生命周期设置为一种静态不变的过程，忽略了产品生命周期的动态变化性。随着全球化进程的加快，需求偏好的差异在不断缩小，新产品越来越多的率先出现在发展中国家，而在发达国家处于产品生命周期衰退阶段的产品也不一定会在发展中国家畅销。事实上，许多跨国公司的生产经营并不遵循上述三阶段的规律。

三、内部化理论

内部化理论由英国学者 P. J. 巴克莱和 M. C. 卡森（P. J. Buekley and M. C. Casson）在其1976年合作出版的《跨国公司的未来》一书[①]中首次系统地提出。

（一）内部化理论的基本内容

在 P. J. 巴克莱和 M. C. 卡森新创的内部化理论中，市场不完全并非垄断优势论中所指的规模经济、寡占或关税壁垒等，而是指由于市场失效以及某些产品的特殊性质或垄断势力的存在，导致企业市场交易成本增加。内部化理论的中心思想是，由于市场的不完全，企业的中间产品在外部市场中的交易成本过高，为了追求利润最大化，需要将中间产品的交易控制在内部进行。

内部化理论认为，中间产品市场，尤其是知识产品市场的不完全是构成内部化的关键因素，是企业对外直接投资的根本动因。知识产品的不完全性由以下几个因素决定：首先，知识产品在研究与

[①] P. J. Buckley, M. C. Casson. The Future of Multinationals [M]. Macmillan Press, 1976: 39–75.

开发过程中耗费时间长，投入成本高，且具有天然的垄断性质，使得知识产品的所有者在外部市场交易中一般会制定一个较高的价格来及时回收投资。其次，对于买方而言，知识产品的经济效益只有在其投入生产以后才能确定，这就导致了买方难以确定那些还没有转化成生产力的知识产品的价值。因此，知识产品的买卖双方之间存在信息不对称性。最后，由于知识产品的公共产品属性，其很容易在市场交易和转移的过程中被扩散，这也是一种风险成本。由于知识产品的外部市场存在以上不完全性，企业必须对知识产品实行内部交易来避免外部过高的交易成本。

P. J. 巴克莱和 M. C. 卡森认为，市场内部化的过程会受到以下四个因素的影响。

（1）行业特定因素，主要指产品的特性、外部市场的结构特点，以及规模经济等，也是最为关键的因素。

对于中间产品来说，其外部供需通常处于不稳定的状态，通过内部化市场来稳定其供需十分重要。另外，如果企业生产经营具有明显的规模经济，那么，企业通过内部化来获取规模经济全部收益的动机就会更强烈。

（2）区位特定因素，如区位地理上的距离、文化差异和社会特点等。

这些因素与市场内部化后的协调控制问题密切相关，若母国与东道国地理位置邻近，社会文化差异较小，那么，实行市场内部化后企业更易于控制并管理企业的内部组织。

（3）国家特定因素，如有关国家的政治制度、法律制度和经济制度。

若东道国实行贸易保护政策，并且对外国企业实行重复征税、限制利润汇回等歧视性的政策措施，那么，投资企业可以通过市场内部化来避免这些不利的宏观因素。

（4）企业特定因素，如不同企业的内部组织结构、协调管理能力。

若企业的组织内部结构合理,协调管理能力较强,那么,企业就能更好地应对市场内部化后复杂的企业管理问题。

(二) 对内部化理论的评价

内部化理论对于西方对外直接投资理论的发展有重要意义。在此之前,斯蒂芬·海默与雷蒙德·弗农等从垄断优势这一切入点来研究发达国家海外生产经营的驱动力和影响因素。然而,内部化理论则是从企业国际分工与生产的组织形式入手来研究企业的对外直接投资行为。[①]

内部化理论的重大贡献表现在两方面:一方面,它对企业经营所面临的中间产品的市场不完全性和最终产品的市场不完全性进行了明确区分,并且,以中间品市场的不完全性为基础来研究企业进行对外直接投资的根本动机,尤其是它着重强调了技术保护对企业经营的重要意义,从而使得理论的分析更接近"二战"以后国际间的企业对外直接投资实践。另一方面,它不仅阐明了发达国家对外直接投资的动因,对发展中国家对外直接投资也作出了对应的解释。而且,内部化理论可在不同程度上替代早期的对外直接投资理论,故其被称为国际直接投资的一般理论。

内部化理论也存在一定的局限性。首先,内部化理论沿袭了垄断优势论忽略国际经济环境而简单地从跨国投资企业的微观方面寻找其海外直接投资的动因和基础的片面分析方法,对企业对外直接投资的区位选择等宏观因素没有作出合理的解释;其次,内部化理论过分注重企业的内部因素对于对外直接投资决策的影响,忽略了对各种外部因素的分析。最后,内部化理论并没有对国内市场的内部化与国际市场的内部化的区别作出明确解释,更接近于一般的企业扩张理论,

---

① 滕维藻,陈荫枋. 跨国公司概论 [M]. 北京:人民出版社,1991.

导致内部化理论对于对外直接投资的动因解释针对性不强。

四、国际生产折中理论

国际生产折中理论是由英国经济学家 J. H. 邓宁（J. H. Dunning）在 1976 年发表的《贸易、经济活动的区位和跨国企业：折中理论探索》一文中提出的。

（一）国际生产折中理论的基本内容

J. H. 邓宁认为，以往的国际生产理论存在片面性，无法全面系统地解释对外贸易、对外直接投资、技术转让等不同资源转移形式的实施条件。他将学者关于跨国公司国际直接投资的观点进行了研究整合，如 P. J. 巴克莱的内部化理论和斯蒂芬·海默的垄断优势理论等。在此基础上，J. H. 邓宁提出了一个更加广泛使用的一般性理论模式，即国际生产折中理论，用以解释跨国公司的对外直接投资行为。J. H. 邓宁研究得出的结论是，一国企业从事国际投资，主要是由三个优势要素所决定的，即所有权优势、内部化优势和区位优势。[1]

1. 所有权优势

所有权优势是指，相对于国际市场上的其他企业所拥有的自身特定优势，包括有形资产的所有权优势和无形资产的所有权优势。具体来说，有以下几种：（1）技术优势，主要包括专利技术、企业的研发能力等；（2）规模优势，包括企业规模扩大带来的技术创新能力的提升，以及规模经济优势；（3）组织管理优势，主要是指科学、合理的组织结构、管理方法，以及营销技巧等；（4）融资优势，

---

[1] Dunning John H. The Eclectic Paradigm of International Production: Restatement and Possible Extensions [J]. Journal of International Business Studies, Spring, 1988: 11 – 13.

主要是指企业能够通过多样化的融资渠道获得低成本的融通资金。①所有权优势只是企业进行对外直接投资的必要非充分条件，因为企业采用其他方式，诸如出口或者技术转让等可以取得同样的效果。

2. 内部化优势

内部化优势是指，企业在进行对外直接投资时，将其资产或者所有权进行内部化所获得的优势。在市场不完全的情况下，拥有所有权优势的企业并不一定能够从中获益，而企业若能在内部转移自己的技术、资金、管理技能等所有权优势，就可减少外部市场机制带来的不确定性，从而降低交易成本，保持其所有权优势的垄断地位，获取最大利益。J. H. 邓宁指出，所有权优势反映了企业对外直接投资的能力，而内部化优势决定了企业对外直接投资的目的与形式。不过，一个企业具备了所有权优势并将之内部化，还不能准确地解释其对外直接投资活动，因为出口也能发挥这两种优势。因此，所有权优势和内部化优势仍只是对外直接投资的必要条件，而非充分条件。

3. 区位优势

区位优势主要指，一国比他国能为外国厂商在该国投资设厂提供相对有利的条件和基础设施。区位优势受到东道国投资环境的影响，主要包括两个方面：一方面，是东道国的资源禀赋，如自然资源、劳动力价格和技术水平等；另一方面，是东道国的地理位置、市场规模、基础设施状况、经济制度、政府政策、社会文化等形成的优势。一般来说，自然资源丰裕、劳动力成本低、市场容量大、政府对外来投资实施鼓励政策的国家或地区，具有更强的区位优势。

在 J. H. 邓宁的国际生产折中理论中，企业所具备的优势条件

---

① 苏丽萍. 对外直接投资：理论、实践和中国的战略选择 [M]. 厦门：厦门大学出版社，2006.

与企业国际化经营方式之间的关系,见表1-1。

表1-1　　　　　　　企业国际化经营方式选择

经营方式	所有权优势	内部化优势	区位优势
对外直接投资	√	√	√
出口	√	√（×）	×
技术转移	√	×	×

注:"√"代表具有某种优势或利用某种优势;×代表缺乏某种优势或未利用某种优势。
资料来源:刘海云. 跨国公司经营优势变迁［M］. 北京:中国发展出版社,2001.

表1-1包含了三层含义:一是如果企业准备开展对外直接投资活动,就必须审视自己是否同时具备了所有权优势、内部化优势和区位优势,如果具备这三种优势,那么,打入国际市场最佳的方式就是采取对外直接投资;二是当企业只有所有权优势和内部化优势时,企业可以考虑以出口模式开展国际化经营;三是当企业只有所有权优势,并无法将其优势内部化,也不能利用东道国的区位优势,这时就只能采用技术转移模式打入国际市场。

(二) 对国际生产折中理论的评价

J. H. 邓宁的国际生产折中理论吸收了之前各派经典理论的精华,将垄断优势理论、内部化理论和区位理论有机结合起来,克服了之前对外直接投资理论的片面性。国际生产折中理论涵盖了各种跨国经营活动,特别是对国际经营中的三种主要形式,即对外直接投资、出口贸易和技术转移作出了比较合理的解释。另外,国际生产折中理论具有较强的适用性,可以用于分析发达国家和发展中国家的跨国公司,在西方学术界受到很高的评价,并被很多学者视为国际直接投资的"通论"。但国际生产折中理论也存在一定的局限性,它无法解释没有同时满足三个优势条件下的对外直接投资行为。

五、比较优势理论

比较优势理论最先由日本一桥大学学者小岛清（Kiyoshi Kojima）提出，他在1978年出版的《对外直接投资论》一书中，结合对于日本对外直接投资活动的分析，对比较优势理论进行了系统阐述。

（一）比较优势理论的基本内容

比较优势理论的中心思想是国际直接投资应从母国已经处于比较劣势或趋于比较劣势而对东道国而言具有比较优势的产业开始进行。通过这种方式的对外直接投资，投资国和东道国的社会福利都会增加。从投资国来看，把生产场所从一个比较不利的地点转移到一个比较有利的地点，投资者可以获得更为丰厚的利润，继而用投资获利来补充、发展本国具有比较优势的产业以扩大出口，有利于本国的产业结构优化。从东道国来看，吸收这种类型的外资可以获得东道国缺乏的资本、技术、管理技能等要素，使东道国的技术和产业结构得到升级。

比较优势理论最主要的特点在于，从宏观层面阐释了贸易与投资的互补关系。传统的对外直接投资理论通常揭示的是，对外直接投资与对外贸易的替代关系。小岛清把对外直接投资分为两种类型：第一种是以日本为代表的贸易导向型对外直接投资，即将本国具有比较劣势的产业转移到东道国，这符合比较成本与比较利润率相对应的原则。由于一国的对外贸易按照本国的比较优势来进行，而对外直接投资则将本国具有比较劣势的产业转移出去，这种类型的对外直接投资的结果是扩大了双方比较成本的差距，扩大了贸易规模，与对外贸易是互补的关系。第二种是以美国为代表的逆贸易导向型对外直接投资，即将本国具有比较优势的产业转移到东道国，违反了比较成本与比较利润率对应的原则，对外直接投资的结果是使双方的比较成本差距缩小，不利于贸易的扩大，且与贸易是替代的关系。

小岛清还提出了边际产业转移过程中需要注意的三个问题：第一，东道国与投资国的技术水平差距应该较小，由此投资国能更加充分地利用该技术占领东道国市场，东道国也更加容易吸收、接纳转移的产业；第二，在企业规模方面，中小企业投资制造业往往比大企业更有优势，因为它们转移到东道国的生产技术更符合当地的生产要素结构及经济发展水平；第三，投资国和东道国都不需要有垄断市场，比较优势论否认垄断优势因素在对外直接投资方面有决定性作用这一观点。

（二）对比较优势理论的评价

比较优势理论从国际分工角度来解释日本式对外直接投资行为，比较优势理论的价值主要体现在以下两个方面。

一是以往的对外直接投资理论中普遍流行的垄断优势理论和产品生命周期理论等侧重于从企业的垄断优势这种微观层面进行分析，而比较优势理论是真正意义上的关于对外直接投资产业选择的理论，属于宏观层面的分析，为对外直接投资理论提供了新的视角。

二是比较优势理论对于对外直接投资与对外贸易的关系做了明确阐释，即两者可以是相互促进的关系，而并非只能是垄断优势理论中所表明的替代关系。

但是，比较优势理论也存在其局限性。首先，比较优势理论无法解释20世纪80年代以后日本对外直接投资的发展，因为自70年代中期以后，日本的经济实力、产业结构发生明显变化，日本的对外直接投资模式也发生了显著变化，即贸易替代型对外直接投资占比逐渐上升，同时，很多大型企业也开始进行对外直接投资。其次，比较优势理论仅针对日本的对外直接投资行为，只能解释以垂直分工为基础的发达国家与发展中国家之间的对外直接投资,难以解释以水平分工为基础的发达国家之间的双向投资和发展中国家的对外直接投资。[①]

第二节 发展中国家对外直接投资理论

20世纪80年代之后,当时仍为发展中国家的韩国、新加坡等国家和地区的一些并不具备垄断优势的企业开始了国际化经营的进程。而传统的以发达国家为研究对象的对外直接投资理论并不能对这种现象作出合理解释。于是,有学者开始研究发展中国家对外直接投资的理论。从20世纪70年代中期开始,以美国经济学家刘易斯·T. 威尔斯(Louis T. Wells)和英国经济学家拉奥(Lall)为代表的一些学者从不同视角对发展中国家跨国经营行为进行了探讨,并提出了解释发展中国家对外直接投资行为的小规模技术理论、技术地方化理论等。

一、小规模技术理论

小规模技术理论是由美国哈佛大学教授刘易斯·T. 威尔斯于1977年在《发展中国家企业国际化》一文中提出的。

(一)核心内容

刘易斯·T. 威尔斯认为,虽然发展中国家的国际企业与发达国家的国际企业相比并不具备绝对的竞争优势,但是,其与母国市场特征紧密相连的小规模生产技术为其提供了低生产成本等独特的比较优

[①] 尹小剑. 中国企业对外直接投资的产业选择研究 [M]. 北京:经济管理出版社, 2014.

势，使其能够通过对其他发展中国家进行直接投资来获得利益。

（1）小规模生产技术优势。

由于许多发展中国家国内市场规模有限，制造业厂商无法获得规模经济，因此，与发达国家厂商相比存在规模劣势。但是，小规模技术理论认为，尽管如此，发展中国家依然能够通过针对小规模需求的小规模制造技术获得独特的竞争优势。基于丰裕的劳动力要素禀赋，发展中国家的小规模技术通常是劳动密集型的，符合其生产要素特点，并且由于生产规模较小，这些技术也具有相当的灵活性，能够满足消费者多样化的需求。

（2）当地资源利用和民族纽带。

由于外汇限制、东道国鼓励进口替代而设置贸易壁垒或非贸易壁垒、出口运输成本较高等原因，发展中国家企业在东道国建厂生产时，会积极寻求东道国当地的原材料、技术、设备、人才等资源。这种能够利用当地资源替代原本需要进口的材料的技术，不仅使对外直接投资企业在东道国拥有了发达国家跨国公司所不具备的特殊技术和低成本优势，而且加强了与东道国的经济合作关系，有利于对外直接投资企业在东道国的稳定发展。这种当地采购的优势，在民族产品的生产方面则体现得更加明显。具有母国特色的特殊产品的对外直接投资，通常是为了服务海外同一群体而进行的，这些产品通常适合东道国市场需求。

（3）低价策略。

发展中国家的跨国公司通常利用低价促销方式来进行营销，广告营销投入较少，更多的是注重老客户的维护和新客户的开发，同时，在生产过程中雇用低价劳动力，投入较低的管理费用和建厂费用。这一低价策略不仅使发展中国家跨国公司获得价格竞争优势，而且使其产品价格更加符合发展中国家的收入水平。而发达国家的跨国公司则更倾向于通过差异化的产品、巨额广告营销投入、建立良好品牌信誉来占领市场份额，营销成本较高，导致产品的价格竞争力不强。

（二）理论评价

小规模技术理论将技术的改造、创新与发展中国家的生产要素、市场环境结合起来分析发展中国家的独特优势，这突破了传统对外直接投资理论关于垄断优势的局限性。小规模技术理论对于指导发展中国家的对外直接投资具有重要的启发意义，它指明尽管发展中国家并不具备发达国家所拥有的先进技术、规模经济等垄断优势，但是它们依然有足够的动力和竞争优势参与到国际化经营与生产之中。但是，小规模技术理论也存在一些不足之处。首先，小规模技术理论认为，发展中国家的竞争优势仅来源于小规模的制造技术，忽略了发展中国家的竞争优势是动态变化和发展的，可能会导致这些国家在国际生产体系中的位置永远处于落后的地位；其次，小规模技术理论对于发展中国家企业投资于技术密集型行业这一现象难以作出合理解释；最后，随着发展中国家对发达国家直接投资日益增长，小规模技术理论也显现出其局限性。

二、技术地方化理论

1983 年，英国经济学家拉奥（Lall）在《新跨国公司：第三世界企业的发展》一书中，提出了技术地方化理论。

拉奥通过对发展中国家的跨国公司的对外直接投资行为进行研究，发现发展中国家的跨国企业可以通过将引进的技术消化并进行创新，使得产品更适合自身的经济条件和需求，即完成技术地方化或者技术当地化，形成自身的独特技术优势，这就是技术地方化理论。技术地方化理论认为，发展中国家从发达国家引进先进技术的过程实际上就是一种技术再生的过程，是一种结合发展中国家市场特点与需求对技术进行消化、吸收与再创新的过程，而不是对引进的技术进行被动的复制与模仿。凭借这一技术创新过程，发展中国家跨国公司形成了独特的技术优势，进而与发达国家相比形成了自身的竞争优势。技术地方化理论认为，发展中国家能够形成和发展自己的独特优势主要有以下五个因素。

（1）对于从发达国家引进的技术，将其与发展中国家当地的生产要素价格、产品质量、资源禀赋相结合，保留引进技术的基本性质，去除技术的高端部分，那么，发展中国家就能够利用已经成熟的技术创造出适应于本国环境的技术，这就是技术地方化的过程。

（2）对技术进行地方化改造之后，对外直接投资企业可以利用这种技术在收入水平相当的发展中国家或邻国生产出能够满足当地市场需求的产品，由此获得特殊的产品竞争优势。

（3）除了地方化的技术优势和产品优势，发展中国家同时还会获得小规模技术的经济收益。当技术改造与小规模制造生产结合时，供给条件与需求条件相匹配，企业更容易占据市场份额。

（4）当东道国收入水平较低或者消费者需求偏好存在较大差异时，低端产品可能比名牌产品更有吸引力，发展中国家生产的低价产品由此同样具备竞争力。

（5）发展中国家向其他发展中国家直接投资时，东道国与母国除了生产要素条件、市场需求存在一定的相似性，也有可能存在民族、文化、语言的共通性，这有利于跨国公司获取当地民众的信任与支持。

技术地方化理论强调，发展中国家对技术的引进不是简单的模仿和复制，而是要结合自身实际进行消化、吸收和创新，从而形成一种新的竞争优势。

三、技术创新产业升级理论

20 世纪 80 年代以来，发展中国家特别是一些新兴工业化国家经济持续、高速增长,其跨国公司开始在发达国家从事生产经营活动,并拥有一定的竞争优势。面对这一新趋势,英国里丁大学的坎特韦尔和托兰惕诺(Cantwell and Tolentino)开始对发展中国家跨国经营理论进行分析考察,提出了技术创新产业升级理论。

(一)技术创新产业升级理论的核心内容

坎特韦尔和托兰惕诺试图从动态化、阶段化的角度解释发展中国家的对外直接投资活动。他们提出两个基本观点:一是发展中国家的产业结构升级过程实际上就是企业技术能力提高的过程,但企业技术能力的提高往往是一个长期的累积过程;二是企业技术能力的提高,又和发展中国家的对外直接投资发展密切相关。

技术创新产业升级理论认为,发展中国家对外直接投资的地理分布和产业分布会随着时间的推移而发生变化,并且呈现一定的规律性。首先,在地理分布方面,技术创新产业升级理论认为,发展中国家的对外直接投资的区位分布,会随着其国内经济发展水平或技术水平变化而变化。具体来说,发展中国家跨国公司受到"心理距离"的影响,一般会先在周边国家开展投资;随着国际化经验的积累,开始进入其他发展中国家市场进行投资。当企业在跨国生产经营和管理方面的经验足够丰富时,为获得更为复杂和先进的技术就可以向发达国家投资,即表现为"周边国家—发展中国家—发达国家"的渐进发展轨迹。其次,在产业分布方面,发展中国家境外投资企业的产业选择,一般会先选择以自然资源开发为主的劳动密集型产业,之后展开进口替代和出口导向为主的横向一体化生产活动。随着工业化进程的加快,以及技术的积累与升级,发展中国家在进行对外直接投资时已不再仅限于选择劳动密集型产业或者熟练劳动密集型产业,而是开始涉足高科技领域的生产经营活动。

(二)对技术创新产业升级理论的评价

技术创新产业升级理论对发展中国家有重要的启示意义,对20

世纪80年代以后大部分新兴工业化国家的对外投资行为有普遍的解释力。更为重要的是,技术创新产业升级理论指出,发展中国家应该在技术积累与技术创新的基础上加快工业化进程,提升本国产业结构,进而完善对外直接投资结构。

然而,技术创新产业升级理论实际上以发展中国家与发达国家之间的技术差距无法缩小这一假设为前提,把现有的技术水平作为影响企业跨国经营活动的决定因素,认为发达国家始终处于技术创新的上游,发展中国家只能处于技术扩散的尾端对技术进行局部改进。因而,尽管发展中国家开展对外直接投资,却不可能改变传统的垂直分工格局。①

四、投资发展周期理论

20世纪80年代,英国经济学家J. H. 邓宁在《解释不同国家国际直接投资定位:一种动态发展路径》一书中,从动态角度论述了"一个国家对外直接投资流量和该国经济发展水平具有高度相关性"这个命题,从而提出了投资发展周期理论。作为国际生产折中理论的发展与延续,投资发展周期理论对于解释发展中国家的对外直接投资行为具有重大意义。

(一)投资发展周期理论的基本内容

投资发展周期理论的核心思想是:一国对外直接投资倾向取决于该国的经济发展水平。J. H. 邓宁根据人均国民生产总值(GNP)将经济发展水平分为四个阶段。

第一阶段:人均GNP在400美元以下。这一阶段的国家一般是处于初级工业化阶段的最贫穷国家,主要特征是该国内流的直接

---

① 刑建国. 对外直接投资战略选择[M]. 北京:经济科学出版社,2003.

投资很少，外流的直接投资为零。在这一阶段，由于国内产业结构不合理、技术基础薄弱等原因，企业几乎没有所有权优势，也没有内部化优势。另外，由于国内市场容量小、基础设施不完善、投资的政治法律环境较差等原因，区位优势不足，难以吸引外国直接投资流入。

第二阶段：人均GNP在400~2000美元区间。这一阶段的国家属于中低收入国家。在这一阶段，本国需求层次提高，市场规模扩大，市场开放程度增加，投资环境不断优化，逐渐显现的区位优势吸引了外资的大量流入，并且主要集中在劳动密集型行业和资源密集型行业，但是对外直接投资仍然很少。另外，这一阶段由于对外直接投资刚刚起步，所有权优势和内部化优势依然缺乏，所以一般会选择在邻国进行少量的对外直接投资以获取外国的技术和市场。

第三阶段：人均GNP在2000~4750美元区间。这一阶段的国家对外直接投资速度加快，虽然对外直接投资净额仍然为负，但是资本流出的速度超过资本流入的速度，标志着本国对外直接投资开始进入专业化阶段。在第三阶段，某些拥有知识资产优势的企业开始对外直接投资，本国企业的所有权优势和内部化优势逐渐增加。此时，本国所有权优势较强而区位优势较弱的行业对外直接投资会增加，本国所有权优势较弱而区位优势较强的行业依然会吸引外资的流入。

第四阶段：人均GNP在4750美元以上。这一阶段的国家属于发达国家，对外直接投资的增长速度快于外资流入的速度，对外直接投资净额为正值且逐渐扩大。一方面，发达国家拥有雄厚的资金、技术、管理技能等所有权优势，以及通过内部化来开拓这些优势的能力；另一方面，本国劳动力成本较高并且国际市场上存在贸易壁垒。基于这两方面原因，发达国家对外直接投资的动机非常强烈，它们会根据其全球战略来利用东道国的区位优势，在全球范围内进行产业链布局。

投资发展周期理论的最终结论是,一国的国际投资地位与该国的经济发展水平呈正相关关系。另外,J. H. 邓宁指出,发展中国家进行对外直接投资活动的动机,来自其自身不断增长的所有权优势、内部化优势和区位优势。

(二) 对投资发展周期理论的评价

投资发展周期理论将企业内部优势与国家经济发展阶段结合,对于对外直接投资动因作出了新的解释,说明一国宏观经济环境对其对外直接投资有重要的影响,在某种程度上揭示了国际投资活动规律性的发展趋势。但是,投资发展周期理论也存在明显的局限性,认为一国人均国民生产总值是影响其国际直接投资地位的唯一直接因素,这一逻辑显然过于片面,难以经受实践的检验。

小　结

本章论述了发达国家和发展中国家对外直接投资的理论。我们可以看出,对外直接投资理论是随着跨国经营活动的发展而演进的,具有明显的历史阶段性和国别差异性。

历史阶段性是指,对外直接投资理论体系是随着历史的演进与国际经济的变化而不断发展的。20世纪初,以英国为首的西方发达国家开始殖民扩张,在此背景之下出现了最早的企业国际化运作。因此,目前学术界经典的对外直接投资理论大多诞生于西方国家。在这一时期,世界经济增长的主要决定因素是资本的规模扩张,工业高度发达、市场经济体系完善的发达国家凭借其资本、技术等垄断优势进行海外扩张并成为对外直接投资的主体。20世纪70年代以后,发展中国家对外直接投资迅速发展,这个时期世界经济格局已经发生了较大变化,以发达国家为研究主体的传统对外直接投资理论的部分理论前提无法成立。于是，针对发展中国家对外直接投资的理论逐渐形成和发展。

国别差异性是指，发达国家与发展中国家对外直接投资理论体系存在较大差别，这种差别体现在对于对外直接投资主体、区位选择、产业选择和投资动因等方面的分析上，两种理论体系有其各自的特点以及适用性。

发达国家对外直接投资的理论体系已经比较完善，总结来说，发达国家对外直接投资理论的主要特点是，将市场不完全作为重要假设前提，将垄断优势作为重要研究内容。而主流的发展中国家对外直接投资理论的主要特点，是强调技术累积、技术创新对其对外直接投资扩张的重要作用，对发展中国家的对外直接投资极具启示与指导意义。即发展中国家应该对引进的技术进行吸收、改进和创新，形成独特的优势。

对于中国而言，国际上日趋成熟、完善的对外直接投资理论体系对其发展对外直接投资有重要的借鉴和启示。技术地方化理论、技术创新产业升级理论、小规模技术理论等用于解释发展中国家对外直接投资行为的理论，对中国的借鉴意义无疑是重要的。目前，中国企业对外直接投资的地区以发展中国家为主，由于经济结构和收入水平与东道国相似，中国对外直接投资企业的技术只需要进行细微变化就能适应当地市场，所反映的就是小规模生产和劳动密集型技术特征。例如，中国在东南亚和非洲等发展中国家投资家电业和纺织业时所采用的就是小规模制造技术，管理费用和技术费用较低，同时，具有更大的灵活性和适应性。

尽管传统的跨国经营理论将发达国家的跨国公司作为研究主体，并且存在一定的局限性，但是从客观意义上来说，这些理论揭示了对外直接投资内在的一般规律，因此，一些经典的发达国家跨国经营理论对于中国同样具有一定的启示作用。比如，产品生命周期理论对中国进行对外直接投资的启示在于：首先，在某些产品生命周期的成熟化阶段，中国拥有标准化的技术，若对这些技术进行改进、创新，就可以使其适应本国的生产要素特点与市场需求特点，获得独特的竞争优势，进而向其他发展中国家进行对外直接投资。其次，在投资区位方面，发展中国家应该选择经济发展程度低于本国、拥有更低劳动力成本、在国内设置贸易壁垒的其他发展中国家。[1] 同样，用于解释日本对外直接投资行为的比较优势理论对中国的启示在于：首先，中国可以选择与其技术差距较小的其他发展中国家进行对外直接投资，这样更容易占领当地市场；其次，由于中国对外直接投资企业规模一般不大，与大企业相比更具灵活性的优势，按照比较优势理论进行对外直接投资更容易获得成功；最后，比较优势理论强调对外直接投资并不一定需要具备绝对优势，中国可根据自身的比较优势进行对外直接投资，由此推进中国企业国际化经营的发展。

中国近年来对外直接投资规模迅速扩大，2017 年，中国已跃居全球第二大对外直接投资国。但是我们应该看到的是，中国作为全球第二大经济体，其经济总量、市场规模和经济体制都与其他发展中国家不同，因此，传统的发展中国家对外直接投资理论对其解释力存在相当大的局限性。随着中国对外直接投资的稳步推进，我们有必要立足于中国国情，结合中国的市场结构特点和产业结构特点，进一步完善中国对外直接投资的理论框架，对中国企业对外直接投资的区位选择、进入模式、产业选择进行深入分析，从而对改善中国对外直接投资结构、提高对外直接投资效益起到指导作用。

---

[1] 李雪欣. 中国跨国公司论 [M]. 沈阳：辽宁大学出版社，2002.

第二章

中国企业对外直接投资的发展现状

第一节 中国企业对外直接投资的发展历程

1979年,国务院颁布了多项经济改革措施,其中明确提出,鼓励"出国办企业"。[①] 这是新中国成立30年以来,第一次把发展对外直接投资作为国家政策正式确立下来,为中国企业对外直接投资奠定了坚实的政策基础。1979年11月,由中国的北京市友谊商业服务公司与日本的东京丸一商事株式会社合资在日本东京开办了京和股份有限公司,建立了中国对外开放以来第一家海外合资企业,标志着中国企业跨国经营的开始。[②] 随着对外开放政策的不断推进,中国企业对外直接投资规模逐渐增加,投资区域不断扩大,投资业务逐步涉及国民经济各个行业。从中国企业对外直接投资的

---

① 见人民网. http://www.people.com.cn/GB/paper85/461/46815.html.
② 鲁桐. WTO与中国企业国际化 [M]. 北京:经济管理出版社,2007.

第二章　中国企业对外直接投资的发展现状

总体发展历程来看,大致可以分为以下五个阶段。

一、缓慢发展阶段(1979~1984年)

这一阶段,中国的部分企业开始尝试进行对外直接投资,主要是一些外贸公司和国际技术合作公司通过其自身的特许经营权进行国际贸易合作,成为中国对外直接投资的先行者。在改革开放初期,虽然企业被赋予了一定的对外直接投资自主权,但是,国家在政策上主要偏向于引进外资,而在对外直接投资领域鼓励较少、管制较严。这一时期,中国政府对境外投资企业实行严格的审批制度,[①] 主要体现在以下两方面:一方面,无论企业对外直接投资出资方式如何,无论投资额大小,都需要上报国务院审批;另一方面,对进行境外投资企业的资格进行了严格的限定,即只有具备外贸权的进出口公司和各省区市管理下的经济技术合作公司,[②] 才有资格进行对外直接投资活动。由于缺乏投资资金和海外运营经验,再加上经营规模和自主权都十分有限,实际上只有相当少一部分企业自发进行对外直接投资活动,绝大多数对外直接投资项目和决策都是由政府主导的。所以,在这一时期,大型的贸易集团和综合性集团成为对外直接投资的主要力量,如中国船舶工业总公司、中国化工进出口总公司、中国租船公司等,投资方向以贸易领域为主,海外市场进入方式多为创办合资企业,或是在海外设立代表处,而非贸易性企业的投资,主要集中在资源开发、承包工程、餐饮等领域。从地区分布情况看,主要分布在发展中国家(地区)。从投资规模上看,1979年中国企业非贸易直接投资流量仅为0.012亿美元,但到1984年中国企业非贸易直接投资流量上升至1.03亿美元,见图2-1。截至1984年底,中国新设立海外非贸易性企业共113家,平均每年新设企业数量不到20家,总投资额达2亿美元。

---

① 郭铁民等.中国企业跨国经营[M].北京:中国发展出版社,2002.
② 主要是对外经济贸易部下属的企业。

年平均投资额为 0.34 亿美元，平均每家企业约为 0.017 亿美元。其中，中方投资额为 1.27 亿美元，占投资总额的 62.3%。平均每年为 0.21 亿美元，平均每家企业约为 0.011 亿美元。这一阶段，虽然投资规模较小，但也为中国对外直接投资积累了宝贵的经验。

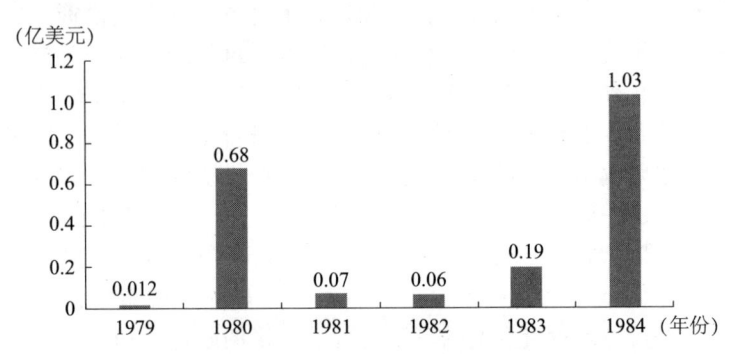

图 2-1　1979~1984 年中国企业非贸易直接投资流量

资料来源：康荣平等. 中国企业的跨国经营——案例研究·理论探索［M］. 北京：经济科学出版社，1996：47.

二、稳定发展阶段（1985~1991 年）

1985 年后，中国政府逐渐认识到对外直接投资对企业发展、产业升级及经济进步的重要性。原外经贸部在国务院的授权下制定了《关于在国外开办非贸易性企业的审批管理方法》，这一政策明确提出："只要是经济实体，只要有资金来源，具有一定的技术水平和业务专长，有合作对象，均可申请到国外开设合资经营企业。"随后，原外经贸部将部分企业境外投资的审批权限下放到地方，规定"100 万美元以下的一般性投资项目由省、自治区、直辖市人民政府和国务院各部委直接审批。"不仅如此，还简化了部分审批的行政手续。1987 年底，国务院开始正式批准企业的国际化经营，中国化工进出口总公司等企业成为首批进行跨国经营的试点企业。投资政策的改进不仅使境外投资创办企业合理化，还扩大了对外直接投资主体的范围。在这一阶段,中国企业的对外直接投资和对外经营出现了第一次高潮。国内一批有一定国际经营经验、良好技术基础和较高管理能力的大型企业开展了对外直接投资。投资区域也在逐步扩大,由发展中国家和地区向部分发达国家拓展。在投资规模上,1987年全年在海外兴办的企业就有108家,协议投资额高达13.73亿美元,是前8年总和的3.37倍,见图2-2。

据统计,在这一阶段,中国境外新设的非贸易性企业共895家,平均每年新设企业128家,投资总额约为29.45亿美元,年均投资额为4.2亿美元,平均每家企业的投资额约为0.0328亿美元。[1]

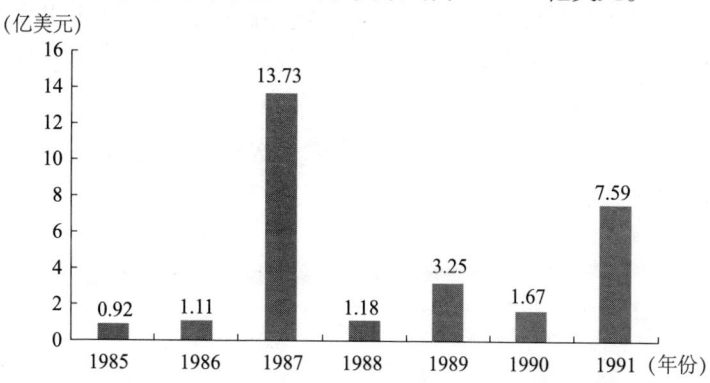

图2-2 1985~1991年中国企业非贸易直接投资流量

资料来源:康荣平等. 中国企业的跨国经营——案例研究·理论探索 [M]. 北京:经济科学出版社,1996:47.

三、调整发展阶段 (1992~2000年)

1992年10月,第十四次全国代表大会明确提出建立社会主义市场经济的目标,并指出要积极地扩大中国企业的对外投资。[2] 随

---

[1] 马淑琴等. 国际经济合作教程 [M]. 杭州:浙江大学出版社,2013.
[2] 见人民网. http://cpc.people.com.cn/GB/64162/64168/64567/65446/4526311.html.

着国内政治经济形势的变化以及政策的鼓励,使得1992年之后中国对外直接投资出现了一段小幅上升趋势,连续两年突破40亿美元,但随后对外直接投资呈现出剧烈波动的情况,见图2-3。这是因为当时国内出现了经济发展过热、通货膨胀的现象,政府于1993年开始进行宏观调控,对开展境外投资的企业也进行了规范管理,出台了《境外企业管理条例》等一系列严格的境外投资审批政策,还对现有企业进行重新登记,这段时间中国境外投资步伐放缓。1998年,十五届二中全会提出在积极扩大出口的同时,要有领导、有步骤地组织和支持一批有实力、有优势的国有企业"走出去"。[①] 1999年,国家经济贸易委员会、对外贸易经济合作部和财政部联合出台了《关于鼓励企业开展境外带料加工装配业务的意见》。2000年3月,全国人大九届三次会议首次提出"走出去"的国家战略。这一系列政策的出台,为我国对外直接投资后期的高速发展奠定了良好的政策基础。

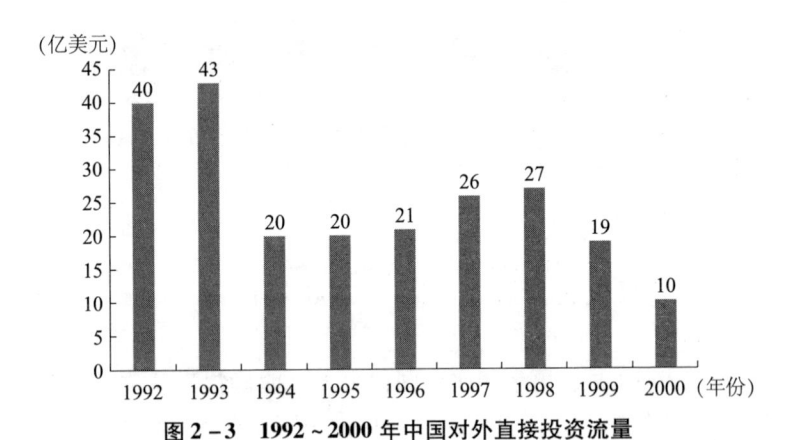

图2-3 1992~2000年中国对外直接投资流量

资料来源:联合国贸易和发展会议数据库。

---

① 江泽民. 江泽民文选(第2卷)[M]. 北京:人民出版社,2006.

在这一阶段，中国平均每年对外直接投资新建企业达 280 家，投资区域也延伸到 120 多个国家和地区。投资领域扩展到进出口贸易、工程承包、加工装备业、旅游业、林业、渔业、矿业等行业。截至 2000 年，中国对外直接投资存量达 277.68 亿美元。

四、快速发展阶段（2001～2007 年）

2001 年初，国家开始大力推行对外直接投资战略。在第九届全国人民代表大会第四次会议上发布了《关于国民经济和社会发展第十个五年计划纲要的报告》，正式把"走出去"列入国家发展规划纲要，大力鼓励有条件的企业"走出去"，设立了外贸发展基金、建立投资信息平台和海外经济合作区等，这些政策极大地促进了中国企业对外直接投资的发展。加入世界贸易组织之后，中国的对外开放程度得到进一步提升，双边经济交流、多边经济交流迅速增加。随后，中国陆续颁布了《关于境外投资开办企业核准事项的规定》《对外投资国别产业导向目录》《关于投资体制改革的决定》《在亚洲地区开展纺织服装加工贸易类投资国别指导目录》等一系列政策和指导性文件，将境外投资核准权限下放并进行了手续简化。这为中国企业进入国际市场参加国际竞争提供了更为便利的条件。在这一阶段，中国企业对外直接投资增长迅速。如图 2-4 所示，从总量上看，2007 年中国对外直接投资流量达 265.1 亿美元，同比增长 25.5%。截至 2007 年，中国对外直接投资存量达 1179.1 亿美元，在境外设立企业超过 1.2 万家。投资地理范围有所扩大，对外直接投资的国家和地区也有所增加。投资领域也进一步扩大，在农业、工业、服务业三大产业上均有涉及。其中，商业服务业、批发和零售业、金融业、采矿业、交通运输业占据了中国对外直接投资存量的绝大部分。

(亿美元)

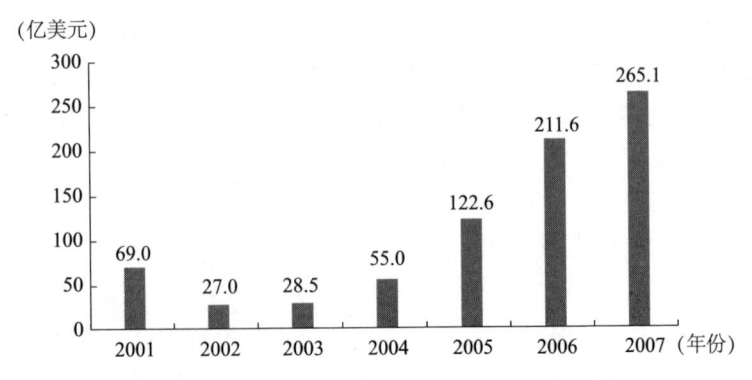

年份	金额
2001	69.0
2002	27.0
2003	28.5
2004	55.0
2005	122.6
2006	211.6
2007	265.1

图 2-4　2001~2007 年中国对外直接投资流量

资料来源：联合国贸易和发展会议数据库。

五、突飞猛进阶段（2008 年至今）

2008 年，很多发达国家企业在全球金融危机冲击下出现资金缺乏、市场萎缩、经营困难的问题，这恰好为快速发展的中国企业"走出去"提供了大好机会。一方面，中国企业在经过长期的海外经营积累后，整体实力增强；另一方面，部分西方企业在经历金融危机后，存在资产价值被低估的现象。此时，中国企业将目光投向海外，并购处于困境的外国企业。2008~2012 年，中国对外直接投资平均流量增长了 6.5 倍。

2013 年，中国提出"一带一路"倡议，倡导国际产能合作，鼓励资本、技术、产品、服务和文化"走出去"。不仅如此，中国还在对外直接投资的审批环节上进一步简政放权，形成了"备案为主、核准为辅"的管理模式，对外直接投资项下外汇登记改成由银行直接审核办理，一系列的开放政策释放了企业对外直接投资的潜在活力。根据《2015 年度中国对外直接投资统计公报》显示，2015 年，中国实际使用外资金额 1356 亿美元，中国对外

第二章　中国企业对外直接投资的发展现状

直接投资1456.7亿美元，较2015年吸引外资（FDI）高出100.7亿美元，首次实现直接投资项下资本净输出。[①] 2016年，中国对外直接投资流量达1961.5亿美元，同比增长34.7%，位居世界第二。在中国对外直接投资高速发展的同时，一些非理性现象也逐步显现。部分企业在对外直接投资时缺乏系统规划和严谨论证，在投资后往往出现经营困难的情况，造成较大损失；部分企业在房地产、俱乐部等领域投资过度；还有部分企业进行对外直接投资时，对东道国的环保、安全等标准重视不足，产生诸多问题和纠纷。针对这些问题，中国于2016年先后颁布了《关于进一步引导和规范境外投资方向的指导意见》《民营企业境外投资经营行为规范》《企业境外投资管理办法》等一系列关于对外直接投资的新政策，有效地遏制了中国企业对外直接投资的非理性行为。2017年，中国对外直接投资流量为1582.9亿美元，同比下降19.3%，但中国对外直接投资的质量和效益得到稳步提升。

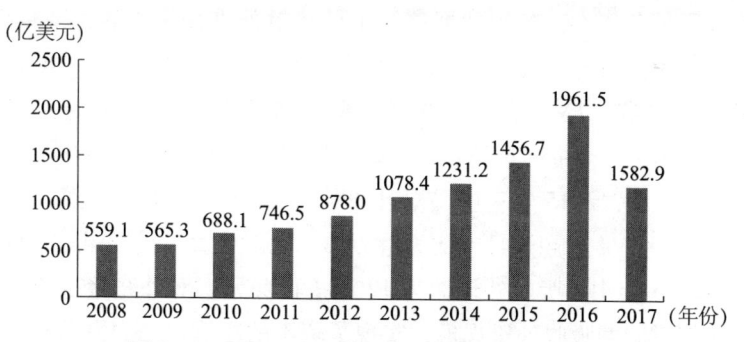

图2-5　2008~2017年中国对外直接投资流量

资料来源：联合国贸易和发展会议数据库。

[①] 中华人民共和国商务部、中华人民共和国国家统计局、国家外汇管理局. 2015年度中国对外直接投资统计公报 [M]. 北京：中国统计出版社，2016.

第二节　中国企业对外直接投资的发展特点

自 2000 年"走出去"战略正式提出以来，中国对外直接投资发展迅猛，投资额从 2000 年的 10 亿美元[①]激增至 2016 年的 1961.5 亿美元，增长近 200 倍。中国已经成为仅次于美国的世界第二大投资国，其总体表现有以下几个特征。

一、对外直接投资规模增长迅速

近十年来，中国对外直接投资规模增长迅猛，如图 2-6 所示，从 2002~2016 年，中国对外直接投资流量实现了连续 15 年高速增长。2008 年以来，受金融危机和主权债务危机的影响，世界经济陷入了萧条状态，各国发展停滞不前，对外直接投资额急剧减少。但是，中国对外直接投资却出现了逆势增长。2013 年，中国首次提出"一带一路"倡议，开展国际产能合作，推动企业"走出去"。2013 年，中国对外直接投资额达 1078.4 亿美元，首次突破千亿美元大关。2015 年，中国对外直接投资额达 1456.7 亿美元，同比增长 18.3%，超过日本成为世界第二大对外直接投资国。不仅如此，2015 年中国吸收外资额为 1262.7 亿美元，对外直接投资规模首次超过同期吸收外资规模，实现了资本的净输出，表明对外直接投资已成为中国经济发展的新动力。2016 年，中国对外直接投资额达 1961.5 亿美元，同比增长 34.7%，占 2016 年全球投资流量的 13.5%，创下历史新高。

---

① 中华人民共和国商务部等.2006 年度中国对外直接投资统计公报，见商务部官网.

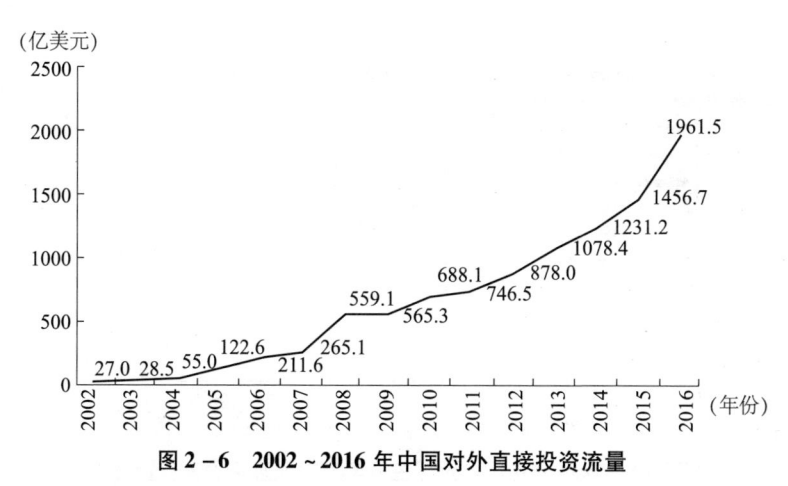

第二章 中国企业对外直接投资的发展现状

图 2-6 2002~2016 年中国对外直接投资流量

资料来源：2016 年度中国对外直接投资统计公报 [M]．北京：中国统计出版社，2017．

如图 2-7、图 2-8 所示，在存量方面，中国对外直接投资实现了稳步增长。截至 2016 年，中国对外直接投资存量达 13573.9 亿美元，占世界对外直接投资存量的 5.2%，在全球国家排名中位

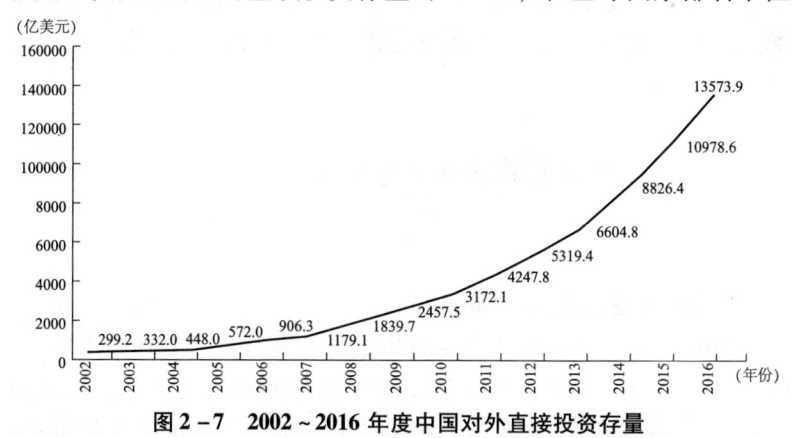

图 2-7 2002~2016 年度中国对外直接投资存量

资料来源：2016 年度中国对外直接投资统计公报 [M]．北京：中国统计出版社，2017．

35

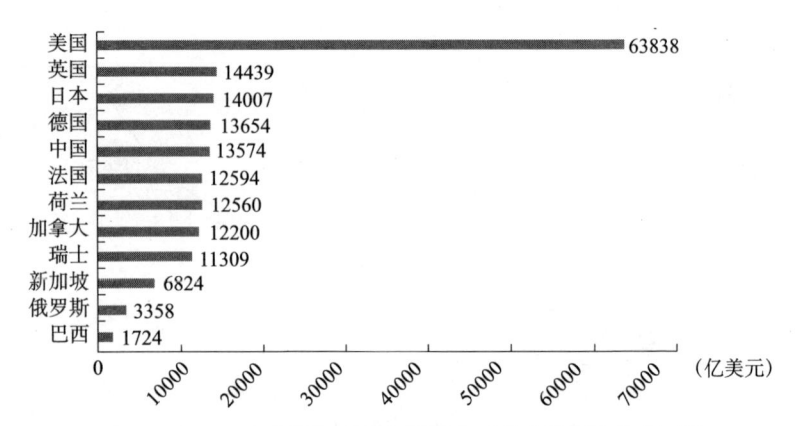

```
美国          63838
英国          14439
日本          14007
德国          13654
中国          13574
法国          12594
荷兰          12560
加拿大        12200
瑞士          11309
新加坡        6824
俄罗斯        3358
巴西          1724
```

图 2-8 2016 年中国与全球主要国家对外直接投资存量对比

资料来源：2016 年度中国对外直接投资统计公报 [M]．北京：中国统计出版社，2017．

于第五位。且中国对外直接投资存量规模增长迅速，与发达国家的差距正逐渐缩小。总体来看，中国对外直接投资，无论从流量还是存量上看，都具有一定规模。随着中国企业国际投资能力的不断强化，国家"走出去"战略的不断推进，中国对外直接投资规模将有望持续性增长。

二、对外直接投资区域分布集中

1. 从对外直接投资存量来看

2016 年末，中国对外直接投资遍布世界 190 个国家（地区）。截至 2016 年末，中国在亚洲的投资存量为 9094.5 亿美元，占中国对外直接投资存量总额的 67%；在拉丁美洲存量为 2071.5 亿美元，占中国对外直接投资存量总额的 15.3%，主要分布在开曼群岛，英属维尔京群岛；在欧洲存量为 872 亿美元，占中国对外直接投资存量总额的6.4%,主要分布在荷兰、英国、俄罗斯等国家;对北美洲投资存量为754.7亿美元,主要分布在美国、加拿大;在非洲的投资存量为398.8亿美元,占中国对外直接投资存量总额的2.9%,主要在南非等国家;在大洋洲的投资存量最低,为382.4亿美元,占中国对外直接投资存量总额的2.8%。从总体来看,中国对外直接投资存量的八成分布于发展中经济体,截至2016年,中国在发展中经济体的投资存量为11426.18亿美元,占比为84.2%。在发达经济体存量为1913.97亿美元,其中,欧盟为698.4亿美元,占在发达经济体投资存量的36.5%;美国为605.8亿美元,占在发达经济体投资存量的31.7%,见表2-1。

表2-1 2008~2016年中国对外直接投资存量地区构成情况

年份	存量及占比	亚洲	拉丁美洲	欧洲	北美洲	非洲	大洋洲
2008	存量(亿美元)	1313.2	322.4	51.3	36.6	78	38.2
	占比(%)	71.4	17.5	2.8	2.0	4.2	2.1
2009	存量(亿美元)	1855.4	306	86.8	51.8	93.3	64.2
	占比(%)	75.5	12.5	3.5	2.1	3.8	2.6
2010	存量(亿美元)	2281.4	438.8	157.1	78.3	130.4	86.1
	占比(%)	71.9	13.8	5.0	2.5	4.1	2.7
2011	存量(亿美元)	3034.3	551.7	244.5	134.7	162.5	120.1
	占比(%)	71.4	13.0	5.8	3.2	3.8	2.8
2012	存量(亿美元)	3644.1	682.1	369.8	255	217.3	151.1
	占比(%)	68.5	12.2	7.0	4.8	4.1	2.8
2013	存量(亿美元)	4474.1	860.9	531.6	286.1	261.9	190.2
	占比(%)	67.7	8.1	8.1	4.3	4.0	2.9
2014	存量(亿美元)	6009.7	1061.1	694	479.5	323.5	258.6
	占比(%)	68.1	12.0	7.9	5.4	3.7	2.9

续表

年份	存量及占比	亚洲	拉丁美洲	欧洲	北美洲	非洲	大洋洲
2015	存量（亿美元）	7689	1263.2	836.8	521.8	346.9	320.9
	占比（%）	70.0	11.5	7.6	4.8	3.2	2.9
2016	存量（亿美元）	9094.5	2071.5	872	754.7	398.8	382.4
	占比（%）	67.0	15.3	6.4	5.6	2.9	2.8

注：根据《中国对外直接投资统计公报》的统计方法，本书所指的北美洲主要包括百慕大群岛、美国、加拿大，墨西哥的统计数据计入拉丁美洲的数据。

资料来源：2016年度中国对外直接投资统计公报［M］.北京：中国统计出版社，2017.

2. 从对外直接投资流量来看

如表2-2所示，从对外直接投资流量上看，中国对外投资主要集中于亚洲和拉丁美洲地区。2016年，中国向亚洲投资1302.7亿美元，同比增长20.2%，占当年中国对外投资流量总额的66.4%；向拉丁美洲投资272.3亿美元，同比增长115.9%，占当年中国对外直接投资流量总额的13.9%。主要原因是这些区域不仅资源丰富、价格低廉，有助于中国企业获取资源、降低生产成本，而且技术相对落后，有利于中国企业发挥比较优势。2016年，中国向北美洲地区投资203.5亿美元，同比增长89.9%，占2016年中国对外直接投资流量总额的10.4%；流向欧洲的投资为106.9亿美元，同比增长50.2%，占2016年中国对外直接投资流量总额的5.4%。中国对欧美等地区的投资增加，主要是中国企业为了寻求生产价值链上的升级，在发达地区投资以获取先进经验、技术。流向大洋洲的投资额为52.1亿美元，同比增加34.6%，占当年中国对外直接投资流量总额的2.7%。而流向非洲的投资为24亿美元，同比下降19.4%，只占2016年中国对外直接投资流量总额的1.2%。

表2-2　2008~2016年中国对外直接投资流量地区构成情况

年份	流量及占比	亚洲	拉丁美洲	北美洲	欧洲	大洋洲	非洲
2008	流量（亿美元）	435.5	36.8	3.6	8.8	19.5	54.9
	占比（%）	77.9	6.6	0.6	1.6	3.5	9.8
2009	流量（亿美元）	404.1	73.3	15.2	33.5	24.8	14.4
	占比（%）	71.4	13.0	2.7	5.9	4.4	2.6
2010	流量（亿美元）	448.9	105.4	26.2	67.6	18.9	21.1
	占比（%）	65.3	15.3	3.8	9.8	2.7	3.1
2011	流量（亿美元）	454.9	119.4	24.8	82.5	33.2	31.7
	占比（%）	60.9	16.0	3.3	11.1	4.4	4.3
2012	流量（亿美元）	647.9	70.4	61.7	48.8	25.1	24.2
	占比（%）	73.8	7.0	5.6	8.0	2.7	2.9
2013	流量（亿美元）	756.0	143.6	49.0	59.5	36.6	33.7
	占比（%）	70.1	13.3	4.5	5.5	3.4	3.2
2014	流量（亿美元）	849.9	105.4	92.1	108.4	43.4	32.0
	占比（%）	69.0	8.6	7.5	8.8	3.5	2.6
2015	流量（亿美元）	1083.7	126.1	107.2	71.2	38.7	29.8
	占比（%）	74.4	8.6	7.4	4.9	2.7	2.0
2016	流量（亿美元）	1302.7	272.3	203.5	106.9	52.1	24.0
	占比（%）	66.4	13.9	10.4	5.4	2.7	1.2

资料来源：2016年度中国对外直接投资统计公报［M］.北京：中国统计出版社，2017.

3. 从对外直接投资国别来看

如表2-3所示，近年来，随着中国产业价值链的不断提升，对发达国家的投资增长迅猛。2016年，中国对美国直接投资流量达169.8亿美元，同比增长111.5%，占中国当年对外直接投资流量总额的8.7%，创中国对美国直接投资历史新高。中国对美国投资存量为605.8亿美元，占中国对外直接投资存量总额的4.5%，中国的境外企业雇用美国当地员工9.1万人，比2015年末增加1万余人。中国对欧盟直接投资达99.9亿美元，同比增长82.4%。占中国当年对外直接投资流量总额的5.1%，占中国对欧洲投资流量的93.5%。从流向的主要国家看，德国位居首位，当年中国对德国对外直接投资流量达23.8亿美元，是2015年同期的5.8倍，占当年中国对欧盟投资流量的23.8%，主要投向的行业为制造业、租赁和商务服务业、科学研究和技术服务业。之后是卢森堡，投资额达16.0亿美元，占当年中国对欧盟投资流量总额的16%，主要投向金融业、租赁和商务服务业等行业；法国以15.0亿美元位列第三，是2015年同期的4.6倍，占当年中国对欧盟投资流量总额的15%，主要投向的行业为批发和零售业、租赁和商务服务业、制造业。此外，中国对马耳他、爱尔兰、意大利、塞浦路斯、匈牙利的投资实现快速增长。

表2-3　　　2016年中国对外直接投资流量前15位国家

序号	国家	流量（亿美元）
1	美国	169.8
2	澳大利亚	41.9
3	新加坡	31.7
4	加拿大	28.7
5	德国	23.8
6	以色列	18.4
7	马来西亚	18.3
8	卢森堡	16.0

续表

序号	国家	流量（亿美元）
9	法国	15.0
10	英国	14.8
11	印度尼西亚	14.6
12	俄罗斯	12.9
13	越南	12.8
14	荷兰	11.7
15	韩国	11.5

资料来源：2016 年度中国对外直接投资统计公报［M］．北京：中国统计出版社，2017．

值得注意的是，"一带一路"倡议的提出，使得中国对"一带一路"沿线国家的投资占据较大比重。2016 年，中国对"一带一路"沿线的 53 个国家投资共 145.3 亿美元，占中国对外直接投资总额的 8.5%，与"一带一路"沿线 61 个国家新签对外承包工程项目合同 8158 份，新签合同额 1260.3 亿美元，占同期中国对外承包工程新签合同额的 51.6%。① 虽然中国投资区域分布仍相对集中，但这一情况正逐渐得到改善，随着中国企业在价值链上的不断高端化，中国对发达国家的投资还将进一步增长。可以预见，中国对外直接投资的区域分布将更加合理。

三、对外直接投资主要集中于第三产业

中国对外直接投资产业分布广泛，国民经济所有行业类别都有涉及。从表 2-4、表 2-5 可以看出，第三产业在对外直接投资中

---

① 一带一路网．https：//www.yidaiyilu.gov.cn/xwzx/gnxw/7554.htm．

占据主导地位。从存量上看，截至2016年，中国第三产业对外直接投资额达10360.4亿美元，见表2-4，占中国对外直接投资存量的比例为76.3%；第二产业对外直接投资额为3083.0亿美元，占中国对外直接投资存量的22.7%；第一产业对外直接投资额为130.5亿美元，仅占中国对外直接投资存量的1%。从对外直接投资流量上看，2016年，第三产业对外直接投资流量达1539.5亿美元，见表2-5，占当年中国对外直接投资流量的78.5%；第二产业对外直接投资额为389.1亿美元，占当年中国对外直接投资流量的19.8%；第一产业对外直接投资额为32.9亿美元，占当年中国对外直接投资流量的1.7%。这表明，中国服务业国际化水平虽然较高，但在农业、制造业等领域的国际影响力还有待进一步提升。

表2-4　2008~2016年中国对外直接投资存量产业分布情况

单位：亿美元

产业	2008年	2009年	2010年	2011年	2012年	2013年	2014年	2015年	2016年
第一产业	14.7	20.3	26.1	34.1	49.6	71.8	77.6	86.2	130.5
第二产业	370.6	598.4	720.4	1091.5	1307.7	1788.0	2132.3	2630.5	3083.0
第三产业	1454.3	1839.0	2425.4	3122.2	3961.9	4745.0	6616.8	8261.9	10360.4

资料来源：2016年度中国对外直接投资统计公报［M］．北京：中国统计出版社，2017．

表2-5　2008~2016年中国对外直接投资流量产业分布情况

单位：亿美元

产业	2008年	2009年	2010年	2011年	2012年	2013年	2014年	2015年	2016年
第一产业	1.7	3.4	5.3	8.0	14.6	18.1	20.4	25.7	32.9
第二产业	96.3	164.1	129.9	250.2	274.1	370.4	312.9	371.2	389.1
第三产业	461.0	397.8	552.7	488.3	589.6	689.8	897.6	1060.0	1539.5

资料来源：2016年度中国对外直接投资统计公报［M］．北京：中国统计出版社，2017．

在三大产业内部，各个行业的对外直接投资流量往往容易受短期环境因素的影响而产生波动。如表2-6所示，2016年，中国对外直接投资最多的行业是租赁和商业服务业，投资额为657.8亿美元，同比增长81.4%，占2016年对外直接投资流量的33.5%。制造业首次上升到第二位，投资额达290.5亿美元，同比增长45.3%，占2016年对外直接投资流量的14.8%。这是因为近年来，国内制造企业规模在迅速扩大，国际化经营水平有了显著提高。同时，在"一带一路"倡议背景下，国际产能合作和装备制造合作推动了国内优秀制造企业"走出去"。不仅如此，越来越多的制造型企业向高技术产业和先进制造业投资。这一现象既反映了中国制造业在产业链上加速进行国际化布局，同时，也反映了中国企业偏重通过对发达国家投资获取逆向技术溢出效应。排在第三位的是批发和零售业，投资额达208.9亿美元，同比增长8.7%，占2016年对外直接投资流量的10.7%。信息传输、软件和信息技术服务业，房地产业作为自2008年以来上升较快的两个产业，在2016年对外直接投资额分别为186.7亿美元和152.5亿美元，位列第四位、第五位。金融业近几年波动较大，2016年投资额为149.2亿美元，名列第六位。前六个行业共占2016年对外直接投资流量的83.9%，而采矿业作为中国对外直接投资重点产业，近年来对外直接投资额下降幅度巨大，2016年，流向采矿业的投资仅为19.3亿美元，同比下降82.8%。

表2-6　2008~2016年中国对外直接投资流量行业分布情况

单位：亿美元

产业	2008年	2009年	2010年	2011年	2012年	2013年	2014年	2015年	2016年
农林牧渔业	1.7	3.4	5.3	8	14.6	18.1	20.4	25.7	32.9
采矿业	58.2	133.4	57.1	144.5	135.5	248	165.5	112.5	19.3
制造业	17.7	22.4	46.4	70.4	86.7	72	95.8	199.9	290.5

续表

产业	2008年	2009年	2010年	2011年	2012年	2013年	2014年	2015年	2016年
电力、煤气及水的生产和供应业	13.1	4.7	10.1	18.8	19.4	6.8	17.6	21.4	35.4
建筑业	7.3	3.6	16.3	16.5	32.5	43.6	34	37.4	43.9
批发和零售业	65.1	61.4	67.3	103.2	130.5	146.4	182.9	192.2	208.9
交通运输、仓储和邮政业	26.6	20.7	56.6	25.6	29.9	33.1	41.7	27.3	16.8
住宿和餐饮业	0.3	0.7	2.2	1.2	1.4	0.8	2.4	7.2	16.2
信息传输、软件和信息技术服务业	3	2.8	5.1	7.8	12.4	14	31.7	68.2	186.7
金融业	140.5	87.3	86.3	60.7	100.7	151.1	159.1	242.5	149.2
房地产业	3.4	9.4	16.1	19.7	20.2	39.5	66	77.9	152.5
租赁和商务服务业	217.1	204.7	302.8	256	267.4	270.6	368.3	362.6	657.8
科学研究和技术服务业	1.7	7.8	10.2	7.1	14.8	17.9	16.7	33.5	42.4
居民服务、修理和其他服务业	1.7	2.7	3.2	3.3	8.9	11.3	16.5	16	54.2
文化、体育和娱乐业	0.2	0.2	1.9	1	2	3.1	5.2	17.5	38.7
其他	1.41	0.08	1.02	2.68	1.35	2	7.1	15.1	16.1

资料来源：2016年度中国对外直接投资统计公报 [M]. 北京：中国统计出版社，2017.

四、对外直接投资主体多元化

近年来，对外直接投资主体结构发生了巨大变化。如图2-9

所示，从对外非金融类直接投资存量上看，国企长期处于主导地位的局面基本结束。2008~2016年，国有企业占比呈持续下降趋势，2016年末，在中国对外非金融直接投资的11800.5亿美元存量中，国有企业占比为54.3%，相比2008年下降15.3%。2016年，中国对外直接投资的非国有企业占比为45.7%。

值得注意的是，在非国有企业中，民企对外直接投资逐渐增长，越来越引人注目。国有企业和民营企业合作进行对外直接投资的案例日益增多，基本上形成了国企与民企"双轮驱动"的投资格局。

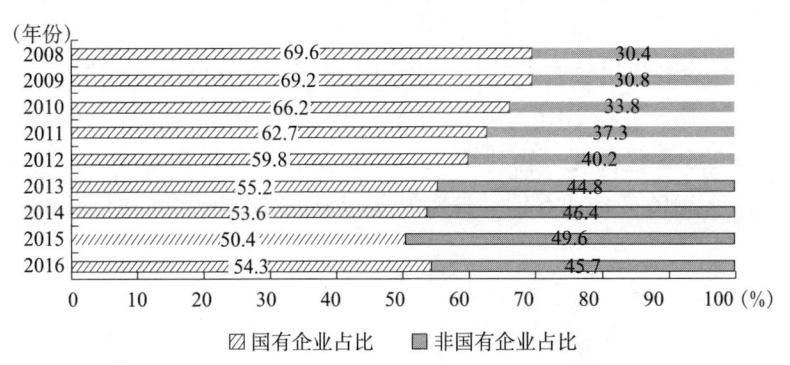

年份	国有企业占比	非国有企业占比
2008	69.6	30.4
2009	69.2	30.8
2010	66.2	33.8
2011	62.7	37.3
2012	59.8	40.2
2013	55.2	44.8
2014	53.6	46.4
2015	50.4	49.6
2016	54.3	45.7

图2-9 2008~2016年中国国有企业和非国有企业
对外非金融类直接投资存量占比情况

资料来源：2016年度中国对外直接投资统计公报［M］. 北京：中国统计出版社，2017.

目前，民企对外直接投资实力大幅提高。在快速对外直接投资增长的同时，民营企业的国际资源整合能力也得到了大幅提升，国际化战略得到稳步推进。此外，不具备政府背景的民营企业进行对外直接投资，可以在一定程度上减轻对外直接投资的政治阻碍，减少西方国家对中国对外直接投资的质疑，更容易获得东道国的支持，有利于构建开放、合作的国际政治经济环境。

五、对外直接投资方式多样化

随着中国企业"走出去"规模的快速扩大,投资方式也趋向多样化。之前,中国企业通常采用在海外建立贸易公司、贸易代表处的方式进行投资,如今,跨国并购已成为中国企业对外直接投资的重要方式。2016年,中国企业在74个国家和地区共完成并购项目765起,并购交易总额达1353.3亿美元,见图2-10,其中,对外直接投资865亿美元,占2016年中国对外直接投资总额的44.1%。而中国企业在海外的投资项目相对减少。不仅如此,中国已形成了海外并购、合作联盟、参股融资、境外上市等多种投资方式。2016年,在对外直接投资流量中,新增股权投资为1141.3亿美元,同比增长18%,占2016年中国对外直接投资流量的58.2%;收益再投资306.6亿美元,占比为15.6%;债务工具投资为513.6亿美元,是2016年的4.6倍,占比为26.2%。

图2-10 2008~2016年中国企业跨国并购交易总额

资料来源:2016年度中国对外直接投资统计公报[M].北京:中国统计出版社,2017.

第三节 中国企业对外直接投资存在的问题

虽然近年来中国的对外直接投资发展迅速,但由于中国开始对外直接投资时间不长,企业缺乏国际化的经验和人才,企业对外直接投资中也暴露出一些问题,亟待进一步改善。

一、国际规则制定参与程度低

随着中国企业在国际市场上不断成长,中国企业面临的竞争已经不仅限于研发、生产、营销、售后等领域,更是延伸到了国际规则制定方面。近年来,中国陆续推出了《标准联通共建"一带一路"行动计划》等,为中国企业"走出去"提供参照,对推进与东道国的经济合作发挥了重要作用。但是,在世界贸易组织(WTO)、二十国集团峰会(G20)等国际对话平台上,中国的国际标准制定参与程度与发达国家相比仍处于低水平。据统计,2015年,中国国际标准化参与程度仅排名第六。在国际规则制定上缺少话语权,对中国企业"走出去"参与国际竞争造成了较大的阻碍。[①] 在各国企业全球竞争日益激烈的今天,掌握国际规则制定权显得尤为重要,所以,中国政府需要大力推进中国标准的国际化,增强在国际标准组织中的话语权。

二、企业对外直接投资融资困难

虽然中国出台了《境内机构境外直接投资外汇管理规定》等

---

① 王辉耀,孙玉红,苗绿.中国企业全球化报告(2014).北京:社会科学文献出版社,2014.

一系列支持企业"走出去"的财政金融政策,此外,亚洲基础设施投资银行和丝路基金的创立,使中国企业"走出去"的金融保障体系逐步得到完善,部分"走出去"企业的融资问题在一定程度上得到了缓解,但是,中国企业对外直接投融资问题仍普遍存在。首先,体现在融资成本上,中国对外直接投资的融资成本普遍高于外国。例如,在美元贷款方面,贷款利率远高于经济合作与发展组织的成员国。经合组织成员国的长期出口信贷美元利率为3.31%,不到中国同类贷款利率的一半。其次,在项目相关优惠政策审批程序上,银行等金融机构对相关贷款的审批过程烦琐费时,使得企业投资资金难以及时到位,甚至因此错失投资机会。不仅如此,商业银行贷款、政策性银行贷款、并购贷款等专项贷款主要向国企倾斜,而民企在海外并购方面难以从境内、境外获取大额贷款,容易陷入资金缺乏的困境,导致民企在海外投资中因资金问题丧失一些具有良好发展前景的投资项目。相比于国企,民企的海外融资问题还存在于成本上,据统计,中国民企融资成本比国企高10%~30%。资金的缺乏,严重阻碍了中国企业"走出去"的步伐。

三、企业国际化能力欠缺

2008年以来,中国企业对外直接投资增长迅猛。虽然从内外部环境来看,确实出现了很多有利于中国企业"走出去"的因素,不过,部分缺乏国际化能力的企业盲目跟风进行对外直接投资的问题也日益凸显。这些问题常常出现在投资前和投资过程中,许多企业对东道国的法律法规、市场情况、消费习惯、风俗习惯等环境因素并未进行充分调研,便急于进行对外直接投资。在投资后的经营

第二章　中国企业对外直接投资的发展现状

阶段，由于中国企业在经营管理上国际经验不足，投资管理水平不高，往往照搬国内母公司的运营模式，导致中国企业在"走出去"过程中常常出现"水土不服"的现象。中国企业国际化能力欠缺主要表现在两个方面：

一方面，跨文化适应能力差。中国企业往往不能迅速适应东道国的文化环境，这给中国企业对外直接投资带来了极大挑战。由于各国的文化差异及由此产生的商业文化差异，常常给中国企业进行跨国并购后的整合带来较大困难。中国对外直接投资中很大一部分企业的跨国经营失败，其主要原因不是资本问题和技术问题，而是在并购后的文化整合出现困难，从而影响公司后续的协同经营。

另一方面，跨国经营绩效水平低下。在全球资产普遍高估的环境下，中国企业还在进行大规模、高溢价对外直接投资，其绩效水平不容乐观。有专家认为："中国企业对外直接投资总体来说是不成功的，中国有 2 万多家企业在海外投资，90% 以上都是亏损的"。[1] 对外直接投资绩效指数（OND）是联合国贸易发展委员会测定一国对外直接投资绩效的评价指标，具体测算方法是一国对外直接投资流量占世界对外直接投资流量的份额除以该国国内生产总值占世界生产总值的份额。若一国 OND 大于 1，说明该国对外直接投资的绩效高于世界平均水平；若一国 OND 小于 1，则说明该国对外直接投资绩效低于世界平均水平。近年来，虽然中国 OND 有所增加，在 2016 年达到最高值 0.91，见图 2-11，但仍小于 1，说明中国对外直接投资绩效仍低于世界平均水平。

---

[1] 见人民网. http://paper.people.com.cn/gjjrb/html/2015-02/09/content_1531573.htm.

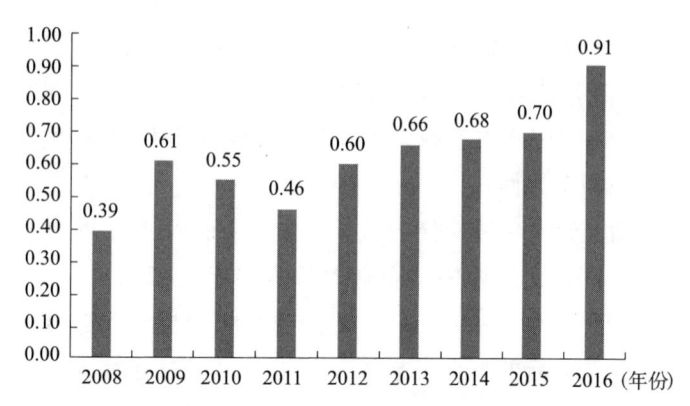

图 2-11　2008~2016 年中国对外直接投资绩效指数

资料来源：笔者根据世界银行网站资料整理计算而得。

四、缺乏国际化人才

一般而言，是否具备熟悉海外投资法律、管理、营销、人力、财务、生产等方面的专业人才，是决定企业海外投资成功与否的重要因素。但在现阶段，大部分中国企业缺乏对外直接投资所需的高素质人才。中国与全球化智库曾对中兴通讯、汉能控股、福耀玻璃、TCL 等近百家企业的中高级管理人员进行访谈，63% 的受访者认为国际化人才不足是影响中国企业"走出去"效益的重要因素，25% 的受访者对本企业"走出去"的效益不甚满意，并且认为未实现期望效益的主要原因是缺乏国际经营人才。中国企业海外员工占比整体偏少，根据中国与全球化智库和中国国际经济合作学会对对外直接投资企业进行的联合调查，44% 受调查企业的海外员工比重不到 5%，而海外员工比重大于 50% 的受调查企业占比仅为 2%，与世界跨国公司平均海外员工占比 60% 相比，还有很大差距。[①] 受

---

① 王辉耀，孙玉红，苗绿. 中国企业全球化报告（2015）[M]. 北京：社会科学文献出版社，2015.

调查企业普遍认为，随着"走出去"战略的推进实施，国际化人才的缺乏严重影响了中国企业进行对外直接投资、扩大海外经营规模、提高国际化运营水平的进程。因此，大力培养、充分利用国际人才资源已成为中国企业"走出去"亟待解决的问题。

五、对外直接投资风险大

中国企业对外直接投资普遍存在风险防范意识薄弱，抗风险能力差的问题。一些企业对于对外直接投资风险往往没有充分认识，在未进行严谨的战略规划情况下便开始盲目投资。在投资后的经营过程中，缺乏事前风险评估、风险预警机制，以及事后风险应对处理方法，这无疑增加了企业对外直接投资失败的风险。

首先，中国企业"走出去"面临最大的风险是政治风险。自2008年以来，国际形势剧烈变化，美国退出跨太平洋伙伴关系协定（TPP）、英国脱欧等国际事件体现着逆全球化思想的盛行，还有各国政权更迭以及政策的改变，都给中国企业"走出去"带来了不小的挑战。

其次，法律风险也是中国企业对外直接投资面临的重大风险之一，许多中国企业对外直接投资法律意识不强，对东道国的法律不熟悉，面临巨大的法律风险。据统计，法律因素已成为继政治风险之后，影响中国企业对外直接投资的第二大风险因素。

再次，社会责任风险日益突出。在"走出去"的过程中，一些企业的社会责任缺失。履行应尽的企业社会责任，不仅有利于企业在东道国的顺利经营，还关系到中国企业在世界各国的形象。但一些中国企业在海外仍存在某些社会责任问题。如环境保护问题，中国对外直接投资有一部分投向能源、采矿、建筑等行业，一些中国企业并未把环境因素考虑进企业的经营决策中。

最后，对外直接投资企业财产和员工的安全风险问题日益突出。自 2008 年以来，随着恐怖主义的盛行，全球安全局势进一步恶化，这给中国企业的海外经营带来不小的挑战。

六、缺乏合作，恶性竞争现象严重

中国企业"走出去"多以单一企业对外直接投资为主，缺乏团队合作。这种"走出去"方式，将国内的竞争带到了国外。如在海外投资中的一些热点项目、热点市场，往往会引来许多中国企业竞争。一些企业为了拿到订单，竞相压价，进行恶性竞争。一些企业在拿到低价订单后为保证利润而降低工程质量，这种行为严重阻碍了项目的进行，甚至导致项目流产，结果是两败俱伤。不仅如此，还会影响中国企业在海外的整体形象。据统计，企业以单兵作战的方式进行海外投资成功率仅 30%，"抱团出海"的成功率则高达 60%。而在现阶段，中国企业"抱团出海"现象少，产业集群式对外直接投资不多，没能发挥各自的优势，形成产业链，建立自己的全球生产体系。

第三章

中国企业对外直接投资的区位选择

对外直接投资通常面临的首要问题,就是如何确定最佳投资区位。对外直接投资区位[①]的选择正确与否,往往会影响企业的优势发挥、生产布局和资源配置等,并最终影响企业对外直接投资的成败。

第一节 对外直接投资区位选择理论回顾

一、经济区位理论

经济区位理论是研究对外直接投资区位选择问题的理论基础。J. H. 杜能(J. H. Thunen,1826)在研究农业用地问题时提出了区

---

① 本章研究的是经济区位的选择,即经济活动决策主体为了追求最大化的经济利益,根据自身需要和相应约束条件选择最佳区位的行为。

位选择问题，创立了农业区位理论，即著名的"杜能环"区位模式。随后，经济学家开始针对不同的工业部门研究区位选择问题。经济区位理论主要比较不同区位选择的进入成本和预期收益，从微观层面考察企业投资区位的最优化选择问题。

(一) 古典区位理论

古典区位理论的代表学派，可分为最小费用区位理论、最大利润区位理论及两者之间的过渡理论——区位相互依存关系理论。这些理论主要在19世纪20年代～20世纪40年代得以兴起和发展。

最小费用区位理论的代表学者，主要有J. H. 杜能（J. H. Thunen）和A. 韦伯（A. Weber）。最小费用区位论的核心思想，即企业区位选择应以追求最小费用为目标，最佳区位即为最小费用点。其中，影响费用的主要因素包括，运输费用、劳动力成本和集聚因子。最小费用区位理论中的费用最小化思想，对于现实经济生活中跨国企业对外直接投资中的区位选择具有很大的参考价值，无论是在全球市场寻找最佳东道国投资还是在东道国内部寻找最佳投资区位，追求低成本都是跨国企业要考虑的重要因素。最小费用区位理论的缺陷在于忽视企业间的相互依存性，仅研究单一企业的区位选择问题；不考虑需求对区位选择的影响；而且，满足最小费用的区位不一定能够带来最大利润。

为了克服最小费用区位理论忽视企业间相互依存关系的缺陷，在最小费用区位理论和最大利润区位理论之间还出现了一个过渡学派即区位相互依存关系论，代表学者有怀特（Wetter）、霍太林（Hotollig）和张伯伦（Chamberlin）等。他们在研究中假定生产费用是一定的，市场呈线性分布，而不是像韦伯假定的呈点状分布，引入了不完全竞争理论。在区位相互依存关系理论中，市场上的企业都希望以低于竞争企业的销售价格来占有更大的市场份额，而销售价格与企业克服工厂到消费者市场之间距离所产生的运输费用大小相关，所以，各企业的销售价格会因区位选择不同而不同。总的来说，企业的市场份额会受到消费者行为和其他企业区位决策的影响，区位相互依存关系理论揭示了产品价格、运输费用和市场的关系，考察了企业区位间的相互依存关系。

最大利润区位理论的代表人物是克里斯泰勒（Christaller）和廖什（Losch）。最大利润区位理论认为，市场空间形态和功能布局的作用会随着经济的发展变得愈发重要，单纯追求生产成本最小化并不意味着利润最大化，区位应该选择在能够获得最大利润的市场。克里斯泰勒在经过大量实地调查和研究的基础上提出了中心地理理论，该理论认为城市或者中心居民点会形成一种等级形式，揭示了不同等级市场区域的区位决定问题，有效地说明了城镇为什么存在，什么决定了城镇发展，又被称为城市区位论。廖什总结了之前的区位理论，在克里斯泰勒的理论基础上提出被广泛应用的市场区位理论。廖什将生产区位与市场联系起来，认为追求市场最大化和利润最大化应是企业开展区位选择活动的行为标准和目的，所以，廖什的理论也被称为最大市场学派。最大利润区位论在区位分析时表现出接近市场和满足需求的思路，与跨国企业的现实选择相符。

上面三个理论都是以古典区位理论的静态均衡理论为基础的。但随着经济的发展，学者们发现很多经济现象不能用古典区位理论进行解释，于是，20世纪50年代，有学者开始将新古典经济学中的理论和研究方法应用到区位研究中去，形成了新古典区位理论。

（二）新古典区位理论

新古典区位理论可以分别从微观和宏观两个角度来进行阐述。新古典微观区位理论主要从企业等微观角度出发分析研究区位选择，关注个体最优化选择和选址的一般均衡；而新古典宏观区位理论将微观主体的区位选择拓展到对区域宏观经济结构的研究分析上，两者的理论基础都是新古典经济学和古典区位理论。

新古典微观区位理论的代表人物，主要有拉伯（Labber）、蒂斯（Thisse）和哈克密（Hakemi）等。他们在对古典区位理论批评、继承的基础上，创立了与古典区位理论的线性区位选择不同的企业网络区位选择理论。新古典微观区位理论放宽了古典区位论关于区位的假定条件，古典区位理论假定区位是同质的且生产要素不会随区位的变化而发生改变。新古典微观区位理论则假定区位是不同质的，生产要素会随着区位的改变而改变。这实际上更符合企业区位选择的现实情况，在一定程度上增强了新古典微观区位理论的现实解释力。

新古典宏观区位理论是在全球经济疲软的背景下创建的，代表人物有俄林（Ohlin）和艾萨德（Isard）。俄林将区位研究和贸易、区域分工研究相结合，考虑了资本和技术等生产要素不能自由流动且生产要素相对价格存在差异的情况，被称为一般区位论。俄林关于区位选择问题的结论与最小费用区位理论相似，但需要注意的是，因为俄林的研究是世界范围内的选址问题，所以其区位理论中的移动费用不仅包括传统意义上的运输费用，还包括类似关税在内的货物移动过程中产生的各类费用。艾萨德在古典区位理论的基础上，将区位选择问题的研究纳入一般的理论分析框架中去，运用动态的一般均衡方法对区域进行分析，建立了企业综合开发模型。他认为，企业在选择区位时，要考察地区的资本、人口等区位总体决策要素的情况，在确定总体区位后，再考察与企业自身相关的市场规模和布局情况。新古典区位理论虽然考虑了区位的异质性，但是其仍然遵循新古典经济理论下的规模报酬不变和完全竞争的假定条件，因而对现实经济活动的解释力仍然不够强。

（三）现代区位理论

在知识经济不断发展的背景下，许多经济学家也意识到需要将现实经济中的不完全竞争和规模经济纳入区位理论中去，但是由于技术限制，很难将这两者模型化。直到20世纪90年代，以克鲁格曼（Krugman）为代表的新经济地理学派将不完全竞争和规模经济内生化后，区位理论才进入现代理论阶段。

克鲁格曼提出的中心—外围模型认为，一个由于较大经济规模而具有微弱优势的地区会通过前后向关联效应累积优势，发展成为一个自我持续的制造业集聚中心。经济规模越大，运输成本就越低，规模经济现象越明显，就更有利于集聚。中心—外围模型讲述了中心地区和外围地区经济关系转换中起重要作用的集聚效应和扩散效应，是现代新经济地理学中最具备代表性的一般均衡区位模型。

新经济地理学研究对于区位理论的意义在于，其将区位因素纳入主流经济学的框架中，使得区位理论能够在不完全竞争和规模经济的市场结构中继续发展。其将D-S模型和"冰山运输成本"原理应用到区位选择的研究中去，更好地解释了现实经济中的现象。但是，新经济地理学也存在相当大的缺陷，D-S模型同样依赖很多假设性条件来进行解释和说明，尤其是假定每个个体都有着相同偏好，依靠可以自由移动的个体以相同的方式来对地区之间的差异性做出评价明显是不合理的。

对外直接投资的区位选择，主要是要解决跨国公司在国际市场上的投资分布问题，而区位理论则往往以企业的经济活动在国内的布局为研究对象，且对外直接投资要以企业自身的特点作为理论的出发点，而在区位理论中企业被抽象为同质的，将企业区位的决定完全归因为不同资源在空间分布的差异，因此，区位理论并不能很好地解释企业对外直接投资的行为。但随着对外直接投资在全球范围内的不断发展，区位选择作为投资的首要问题，其地位愈发重要，越来越多的区位因素被引入对外直接投资的区位选择理论中，和其他理论相结合来解释复杂的对外直接投资行为，区位理论的发展为对外直接投资如何进行区位选择提供了重要的理论基础。

二、国际直接投资理论中的区位选择思想

随着国际直接投资活动日益频繁，国际直接投资的理论研究成果不断涌现。虽然关于对外直接投资的区位选择问题目前尚未形成统一的理论，但在以往的国际直接投资理论中或多或少提及了一些区位选择的思想。

（一）发达国家国际直接投资理论中的区位选择

海默（Hymer）在其创立的垄断优势理论中指出，跨国公司是凭借其特有的技术、品牌等垄断优势开展对外直接投资的，各国在规模、技术等方面的优势决定了其对外直接投资的流向和多寡，决定了该国是对外直接投资国还是投资接受国。虽然海默的这一理论没有正面描述企业如何进行区位选择，但是其理论中以企业自身优势来选择投资目标国的标准包含了区位选择的思想，之后有很多学者对该理论进行补充和完善。

尼克博克（Knickerbocker）在海默的垄断优势理论的基础之上进一步拓展，提出了寡占反应理论，指出跨国公司的对外直接投资主要表现为寡头竞争者们的相互约束和平衡。尼克博克认为，如果有一个寡头企业到国外进行投资建立子企业，那么，其他寡头竞争者也可能会追随其到同样的东道国进行投资，以抵消领先投资者可能得到的竞争优势，即寡头企业将相互追随进入新的国外市场作为一种防御性投资战略。这种战略性的"跟随"现象，可以很好地解

释寡头企业对外直接投资的区位选择。

哈佛大学教授雷蒙德·弗农（Raymond Vernon）的产品生命周期理论强调市场需求，生产要素成本决定产业的区位选择。产品生命周期理论主要通过产品生命周期分析了投资的国际区位演化过程。弗农认为，新产品从上市起可以分为导入期、成熟期和标准化三个阶段，随着技术的扩散和产业的周期变化，产品的竞争优势以及包括技术、市场和价格等在内的竞争内容都会随之变化，对应的投资区位也依次从母国转向其他发达国家，再转移到生产成本较低的发展中国家。

J. H. 邓宁在融合产业组织理论、国际贸易理论与区位理论的基础上，明确地将区位因素纳入对外直接投资的理论分析中，并提出了国际生产折中理论。J. H. 邓宁认为，企业须同时满足所有权（ownship）优势、内部化（internalization）优势和区位（location）优势，才有进行对外直接投资活动的资本，前两个优势是企业对外直接投资的必要条件，而区位优势是充分条件。邓宁认为，东道国的区位优势不仅取决于其与投资国的经济距离、制度环境等，还取决于两者的语言、文化、风俗习惯等不同而形成的心理距离。跨国企业在开展对外直接投资活动时，肯定会受到这些因素的影响，只有东道国的区位优势明显时，企业才会进行对外直接投资。东道国的区位优势大小不仅决定了投资的区位选择，还会影响投资规模，以及投资的部门结构和类型。

（二）发展中国家国际直接投资理论中的区位选择

威尔斯（Wells，1983）提出了关于发展中国家对外直接投资的小规模技术理论。该理论的最大特点就是，摒弃传统理论中诸如技术垄断之类的绝对优势的观念，而站在发展中国家角度考察其自身的比较优势。首先，因为具备小规模生产技术优势，发展中国家企业可以满足低收入国家有限的市场需求，在为小市场提供服务方面具有竞争优势。其次，发展中国家在具有民族特色的产品或其他特殊产品的生产技术上具备优势，可以满足具有猎奇心态的消费者市场。最后，发展中国家的跨国公司一般拥有接近周边市场，可以实施低价产品营销战略的优势。总体来说，小技术规模理论指出，即便是技术不够先进、经营范围较狭窄、生产规模也较小的发展中国家企业，也能通过对外直接投资的方式参与国际竞争。

拉奥（Lall）通过对印度跨国公司对外投资行为的分析发现，发展中国家的跨国公司可以通过将引进的技术消化并进行创新，使得产品更适合自身的经济条件和需求，即完成技术地方化或者当地化，形成自身的独特技术优势，这就是技术地方化理论。需要注意的是，这种创新过程不是简单地模仿和复制引进的技术，而是对引进技术的再生过程。技术地方化理论解释了发展中国家在开展对外直接投资活动方面是具有比较优势的，证明经济较不发达的国家也能够以比较优势参与国际生产经营活动。

小规模技术理论和技术地方化理论论证了发展中国家对外直接投资的可行性和区位选择等问题，能够很好地解释发展中国家企业的投资区位选择相对落后的其他发展中国家的现象，但是却无法解释发展中国家对发达国家投资的现象。为了解决这个问题，坎特威尔和托兰惕诺（Cantwell and Tolentino）着力于从技术进步及技术累积的视角解释发展中国家的对外直接投资活动，提出了技术创新产业升级理论。该理论认为，发展中国家的对外直接投资的区位分布，会随着其国内经济发展水平或技术水平的变化而变化。具体来说，发展中国家应首先，在投资风险较小的邻近国家开展投资。其次，开始进入其他发展中国家市场进行投资，积累海外投资经验。最后，当企业在跨国生产经营和管理方面的经验足够丰富时，为获得更为复杂和先进的技术可以开始向发达国家投资，即表现为"周边国家—发展中国家—发达国家"的渐进发展轨迹。

第二节　中国企业对外直接投资区位选择的现状

一、中国企业对外直接投资区位分布总体概况

（一）中国对外直接投资企业洲际分布

截至 2016 年末中国对外直接投资企业在各大洲的投资情况及构成情况。由表 3-1 可以看出，中国境外投资企业广泛覆盖全球很多国家（地区），截至 2016 年底，中国共有 2.44 万家境内投资者开展跨境投资活动，这些投资者在境外已经建立了 37164 万家对外直接投资企业，覆盖全球 190 个国家（地区），投资覆盖率[①]达到 81.5%，企业的境外资产总额共计 5 万亿美元。[②]

中国企业开展对外直接投资活动的区域主要集中在亚洲地区，地区间的分布很不均衡。2016 年末，中国在亚洲地区的投资企业数量占中国对外直接投资企业总量比例很大，超过了在其他地区的投资企业数量总和。

（二）中国企业对外直接投资规模洲际分布

为了考察中国企业对外直接投资流量在各地区的变动情况，本节对 2003~2016 年《中国对外直接投资统计公报》提供的数据资料进行了整理，表 3-1 为 2003~2016 年中国企业对外直接投资流量在各洲的占比情况。表 3-2 中的数据显示，中国企业对外直接投资存量大多集中在亚洲地区，2007 年以来，每年都有六成以上的对外直

[①] 投资覆盖率为中国境外企业在某个地区覆盖的国家（地区）数量与该地区国家（地区）总数的比率。

[②] 2016 年度中国对外直接投资统计公报 [M].北京：中国统计出版社，2017.

接投资流向亚洲,2016 年,流向亚洲地区的直接投资占中国企业对外直接投资流量总额的 66.4%。拉丁美洲是中国企业对外直接投资的第二大目的地,但是 2007 年以来占比有所降低。另外,中国企业对欧洲和非洲的直接投资占比总体没有较大变化,但对北美洲的投资有较大提升,2015 年,北美洲超越欧洲成为中国企业对外直接投资的第三大目的地。

表 3-1　2003~2016 年中国企业对外直接投资流量地区构成情况

年份	流量及占比	亚洲	非洲	欧洲	拉丁美洲	北美洲	大洋洲
2003	流量（亿美元）	15.1	0.7	1.5	10.4	0.6	0.3
	占比（%）	52.7	2.6	5.1	36.4	2.0	1.2
2004	流量（亿美元）	30.1	3.2	1.6	17.6	1.3	1.2
	占比（%）	54.8	5.8	2.9	32.1	2.3	2.2
2005	流量（亿美元）	44.8	3.9	4.0	64.7	3.2	2.0
	占比（%）	36.6	3.2	3.2	52.7	2.6	1.7
2006	流量（亿美元）	76.6	5.2	6.0	84.7	2.6	1.3
	占比（%）	43.5	2.9	3.4	48.0	1.5	0.7
2007	流量（亿美元）	165.9	15.7	15.4	49.0	11.3	7.7
	占比（%）	62.6	5.9	5.8	18.5	4.2	2.9
2008	流量（亿美元）	435.5	54.9	8.8	36.8	3.6	19.5
	占比（%）	77.9	9.8	1.6	6.6	0.6	3.5
2009	流量（亿美元）	404.1	14.4	33.5	73.3	15.2	24.8
	占比（%）	71.4	2.6	5.9	13.0	2.7	4.4
2010	流量（亿美元）	448.9	21.1	67.6	105.4	26.2	18.9
	占比（%）	65.3	3.1	9.8	15.3	3.8	2.7
2011	流量（亿美元）	454.9	31.7	82.5	119.4	24.8	33.2
	占比（%）	60.9	4.3	11.1	16.0	3.3	4.4

续表

年份	存量及占比	亚洲	非洲	欧洲	拉丁美洲	北美洲	大洋洲
2012	流量（亿美元）	647.9	25.1	70.4	61.7	48.8	24.2
	占比（%）	73.8	2.9	8.0	7.0	5.6	2.7
2013	流量（亿美元）	756.0	33.7	59.5	143.6	49.0	36.6
	占比（%）	70.1	3.2	5.5	13.3	4.5	3.4
2014	流量（亿美元）	849.9	32.0	108.4	105.4	92.1	43.4
	占比（%）	69.0	2.6	8.8	8.6	7.5	3.5
2015	流量（亿美元）	1083.7	29.8	71.2	126.1	107.2	38.7
	占比（%）	74.4	2.0	4.9	8.6	7.4	2.7
2016	流量（亿美元）	1302.7	24.0	106.9	272.3	203.5	52.1
	占比（%）	66.4	1.2	5.4	13.9	10.4	2.7

资料来源：2016年度中国对外直接投资统计公报［M］. 北京：中国统计出版社，2017.

表3-2　2003～2016年中国企业对外直接投资存量地区构成情况

年份	存量及占比	亚洲	非洲	欧洲	拉丁美洲	北美洲	大洋洲
2003	存量（亿美元）	266.0	4.9	4.9	46.2	5.5	4.7
	占比（%）	80.1	1.5	1.5	13.9	1.7	1.4
2004	存量（亿美元）	334.8	9.0	6.8	82.7	9.1	5.4
	占比（%）	74.8	2.0	1.5	18.5	2.0	1.2
2005	存量（亿美元）	409.5	16.0	12.7	114.7	12.6	6.5
	占比（%）	71.6	2.8	2.2	20.0	2.2	1.1
2006	存量（亿美元）	479.8	25.6	22.7	196.9	15.9	9.4
	占比（%）	63.9	3.4	3.0	26.3	2.1	1.3
2007	存量（亿美元）	792.2	44.6	44.6	247.0	32.4	18.3
	占比（%）	67.2	3.8	3.8	20.9	2.7	1.6

续表

年份	存量及占比	亚洲	非洲	欧洲	拉丁美洲	北美洲	大洋洲
2008	存量（亿美元）	1313.2	78.0	51.3	322.4	36.6	38.2
	占比（%）	71.4	4.2	2.8	17.5	2.0	2.1
2009	存量（亿美元）	1855.4	93.3	86.8	306.0	51.8	64.2
	占比（%）	75.5	3.8	3.5	12.5	2.1	2.6
2010	存量（亿美元）	2281.4	130.4	157.1	438.8	78.3	86.1
	占比（%）	71.9	4.1	5.0	13.8	2.5	2.7
2011	存量（亿美元）	3034.3	162.5	244.5	551.7	134.7	120.1
	占比（%）	71.4	3.8	5.8	13.0	3.2	2.8
2012	存量（亿美元）	3644.1	217.3	369.8	682.1	255.0	151.1
	占比（%）	68.5	4.1	7.0	12.8	4.8	2.8
2013	存量（亿美元）	4474.1	261.9	531.6	860.9	286.1	190.2
	占比（%）	67.7	4.0	8.1	13.0	4.3	2.9
2014	存量（亿美元）	6009.7	323.5	694.0	1061.1	479.5	258.6
	占比（%）	68.1	3.7	7.9	12.0	5.4	2.9
2015	存量（亿美元）	7689.0	346.9	836.8	1263.2	521.8	320.9
	占比（%）	70.0	3.2	7.6	11.5	4.8	2.9
2016	存量（亿美元）	9094.5	398.8	872.0	2071.5	754.7	382.4
	占比（%）	67.0	2.9	6.4	15.3	5.6	2.8

资料来源：2016年度中国对外直接投资统计公报［M］．北京：中国统计出版社，2017．

截至2016年末，中国对外直接投资存量已经达到13573.9亿美元，较2015年末增长2595.3亿美元，全球排名也由2015年的第八名跃居第六名。[1] 表3-2为2003~2016年中国企业对外直接投资存量在各洲的分布情况。可以看到，尽管亚洲地区和拉丁美洲地

---

[1] 2016年度中国对外直接投资统计公报［M］．北京：中国统计出版社，2017．

区吸收中国对外直接投资存量的比重有所下降,但亚洲和拉丁美洲作为吸收中国对外直接投资存量最大的两个地区的地位并没有改变。另外,中国在欧洲、北美洲、非洲和大洋洲的投资存量占比都呈现出逐渐上升的趋势,其中,在欧洲的增长最为迅速,由2003年的1.5%上升至2016年的6.4%,排名第三,随着未来对欧洲投资活动的日益活跃,欧洲有可能取代拉丁美洲的地位。

(三) 中国企业对外直接投资规模的国别分布

表3-3显示了2016年末中国企业对外直接投资流量和对外直接投资存量的前15名国家。从国别分布来看,中国企业对外直接投资的区位布局呈现出更为集中的状态。截至2016年末,无论是流量方面还是存量方面,前15位国家的投资金额都比较大。另外,中国企业在开曼群岛、英属维尔京群岛和卢森堡的金额一直很高,这在很大程度上是由这些地区"避税天堂"的特点决定的。这些地区在税收政策方面对外来直接投资有优惠鼓励制度,从而成为中国传统的投资目标地。虽然近年来国际上对避税地管制的趋紧使得中国对这些地区的投资有所下降,但总体上不会动摇这些避税港在中国企业对外直接投资区位选择中的核心地位。

表3-3 2016年末中国企业对外直接投资流量和对外直接投资存量占比前15名国家

序号	对外直接投资流量		对外直接投资存量	
	国家	占比(%)	国家	占比(%)
1	美国	8.7	美国	4.3
2	澳大利亚	2.1	新加坡	2.7
3	新加坡	1.6	澳大利亚	2.3
4	加拿大	1.5	荷兰	1.8

续表

序号	对外直接投资流量		对外直接投资存量	
	国家	占比（%）	国家	占比（%）
5	德国	1.2	英国	1.5
6	以色列	0.9	俄罗斯	1.0
7	马来西亚	0.9	加拿大	1.0
8	卢森堡	0.8	印度尼西亚	0.9
9	法国	0.8	卢森堡	0.8
10	英国	0.7	德国	0.8
11	印度尼西亚	0.7	南非	0.6
12	俄罗斯	0.7	老挝	0.6
13	越南	0.7	哈萨克斯坦	0.5
14	荷兰	0.6	法国	0.5
15	韩国	0.6	越南	0.4

资料来源：2016年度中国对外直接投资统计公报 [M]. 北京：中国统计出版社，2017.

从表3-3还可以看到，中国企业对外直接投资按流量排序的前15名国家与按存量排序的前15名国家虽然有所不同，但是，美国、新加坡、澳大利亚、加拿大等发达国家一直以来是中国企业对外直接投资的主要目的国，这主要是由中国与这些国家较为紧密的贸易关系决定的。2016年，中国对发达经济体的直接投资流量为368.4亿美元，较2015年的增长幅度高达94%，这些投资集中流向了欧盟、美国和澳大利亚，对这三个经济体的投资占中国对发达经济体直接投资流量的85%，发达经济体成为中国企业近年来对外直接投资的投资热点。①

---

① 2016年度中国对外直接投资统计公报 [M]. 北京：中国统计出版社，2017.

二、中国企业对外直接投资区位选择的特点

中国企业对外直接投资的区位选择，经历了由相对集中到逐步多元化的发展历程，呈现出以下四个特点。

（一）中国企业对外直接投资的区位分布呈全球性布局，且"由近及远"发散

目前，中国对外直接投资已覆盖世界上大多数国家，区位分布更加多元化，形成了辐射全球的对外直接投资格局。从整体上看，中国企业在境外投资的目标地域选择方面呈现出"由近及远"的特征。根据发展中国家的对外直接投资理论，对于发展中国家而言，在选择投资东道国时应该从较为熟悉的周边国家开始，可以降低投资风险和交通成本，积累投资经验，继而再向其他国家投资拓展市场。一直以来，中国企业首选的投资目的地都是亚洲地区，然后再扩展至拉丁美洲等地区。

（二）中国企业对外直接投资的区位分布集中

中国企业对外直接投资的流向和区位分布都较为集中。从洲际分布看，中国企业对外直接投资集中分布在亚洲，每年都有六成以上的投资流向亚洲，且中国在亚洲地区设立的境外企业数量超过中国在境外设立的企业总数的一半。

投资区位过分集中的这一特征也是中国企业在对外直接投资方面的重大问题之一，过分集中的对外直接投资结构明显不符合实施市场多元化战略的要求，也不利于及时对全球经贸环境的变化作出反应，存在诸多弊端：一是不利于分散中国企业对外直接投资的风险，在产品更新换代速度不断加快，产品、资本和劳动力流动性日益增强的背景下，中国需要一个多元化且较为均衡的投资结构。二

是会造成资本的过度集中和相互竞争，在争夺境外某些较为热门的市场和项目时，中国跨国公司之间可能会出现一些同行企业互相压价出售、恶性竞争的现象。三是不利于中国企业价值链在全球范围内的合理布局。企业对外直接投资是企业价值链在全球范围内的延伸和布局，投资的地理分布过于集中，不符合多元化投资市场的要求，也无法实现价值链在全球范围内的合理布局。

（三）中国企业对外直接投资以对发展中经济体的直接投资为主，对发达经济体的投资成为热点

《2016年度中国对外直接投资统计公报》公布的数据显示，在投资流量方面，2016年，中国企业对发展中经济体和转型经济体[①]的直接投资流量占2016年总投资流量的81.2%，而对发达经济体的投资只占了18.8%；在投资存量方面，截至2016年末，中国对发展中经济体的投资存量为11428.18亿美元，占中国企业对外直接投资存量总额的84.2%，对转型经济体的直接投资存量占1.7%，对发达经济体的直接投资存量占比为14.1%。

由此可见，中国对发展中经济体的直接投资在中国企业对外直接投资中是占据绝对主体地位的，这是发展中国家进入门槛较低，且中国企业对一些欠发达国家（地区）具有技术优势和资金优势等原因造成的。而发达国家较高的进入门槛和竞争压力，也是阻碍中国企业在发达国家开展投资活动的原因。但随着中国对外直接投资进程的不断深入，近年来对发达经济体的直接投资成为热点。

在对发展中经济体的直接投资中，中国企业主要采取了就近原则来选择投资目的地，投资主要流向了中国周边国家（地区），如俄罗斯、新加坡、马来西亚、印度尼西亚及越南等。投资主要动因在于，这些国家（地区）与中国在文化、经济等方面的差异都较

[①] 转型经济体包括东南欧国家、独联体国家和格鲁吉亚，见2016年度中国对外直接投资统计公报［M］.北京：中国统计出版社.

小，在当地开展直接投资活动可以让中国企业快速适应东道国的市场运营环境，降低风险。而近年来，在国家政策扶持背景下，积累了大量投资经验且实力较为强大的中国企业为了获取发达国家的先进技术和管理经验，开始向发达经济体开展学习型投资。在对发达经济体的逆向直接投资中，中国企业对外直接投资主要集中流向那些拥有先进技术的经济体，如美国、欧盟以及澳大利亚等。这有利于中国企业吸收先进技术从而提高中国整体技术水平，实现产业结构升级。

（四）中国企业对"一带一路"沿线国家的直接投资持续增长

目前，中国经济逐步进入"新常态"，为了实现经济发展战略新布局，2013年11月，党的十八届三中全会首次系统提出"一带一路"倡议。"一带一路"沿线国家不仅拥有巨大的市场规模，而且经济结构与中国经济互补性强，投资空间广阔，对这些国家的投资能够实现中国与"一带一路"沿线国家的互利共赢。"一带一路"倡议提出以来，中国企业积极响应，中国与"一带一路"沿线国家的经济联系日益紧密，直接投资活动也更加频繁。

截至2016年末，中国企业对"一带一路"沿线国家的对外直接投资存量达到1294.1亿美元，占2016年末中国企业对外直接投资存量总额的9.5%。2016年末，中国企业对外直接投资流量和存量占比前15名国家中，有6个是"一带一路"沿线国家，见表3-3，而2013年末中国企业对"一带一路"沿线国家的直接投资存量只有723亿美元，[①] 说明"一带一路"倡议的成效是较为显著的。"一带一路"沿线国家主要包括东盟国家、中亚部分国家、中东欧部分国家等，虽然这些国家并不是中国企业对外直接投资的首要目的地，但中国企业有不断加大对该区域直接投资的趋势，且随

---

① 笔者根据《2013年度中国对外直接投资统计公报》相关数据整理。

着"一带一路"倡议的不断深化，未来中国企业对该地区的投资会持续增加。

第三节 对外直接投资区位选择的影响因素

J. H. 邓宁认为，只有同时具备所有权优势、内部化优势和区位优势时，企业才能够完全具备在境外开展直接投资活动的条件。企业虽然可以通过自身的不断发展和进步获取所有权优势和内部化优势，但区位优势作为影响对外直接投资的外部条件，需要企业做出正确的区位选择决策才可以降低投资风险。因此，跨国公司应充分了解区位选择决策中需要考虑的因素。总体而言，影响海外投资区位选择的因素主要有三方面，分别是母国因素、东道国因素和双边因素。

一、母国因素

吕特（Luetal，2001）认为，母国在对外直接投资方面制定的鼓励性政策，是推动企业到境外开展直接投资活动的催化剂。母国政府对企业投资的各项支持政策，如财政补贴、对外直接投资信息服务体系和统计分析系统等都能够有效地减少企业运营成本，从而增加对外直接投资，而政府政策的地区偏向性会对该国企业对外直接投资的区位选择产生重大的影响。如果企业去一些特定的国家或地区开展投资活动，政府会根据相关对外直接投资优惠政策给予这些企业很多优惠和补贴，同时在政府政策的引导下，企业的跨国投资运营活动往往能够规避一些风险，那么，企业也愿意到这些国家和地区投资。从"走出去"战略到"一带一路"倡议，中国政府的相关政策正不断推动对外直接投资便利化进程，企业对外直接投资的区位选择也会随着政府政策而有所变动。中国企业对"一带一路"沿线国家投资的持续增长，充分反映了政府政策因素对企业对外直接投资区位选择的重大影响。

二、东道国因素

（一）市场因素

市场因素是指，一国的市场规模、市场潜力、市场开放度和经济发展水平等因素。一直以来，东道国市场因素都是一国选择对外直接投资区位的重要考察因素。企业尤其是从事生产制造类的企业，对外直接投资的主要动机之一就是扩大市场份额，因此，存在广阔市场或具有较大市场潜力的国家对外资往往具有较高的吸引力。另外，根据小规模技术理论，发展中国家企业具备小规模生产的技术优势，在为规模较小的市场提供生产服务方面具有国际竞争力，所以，发展中国家主要投资生产流程较简单和适用标准化技术的行业，投资区位偏向于地理上邻近或者文化习俗上相似的国家，这些国家的经济发展水平一般低于母国。小规模技术理论更符合中国对外直接投资活动的现实状况，由于发达国家市场竞争更加激烈，所以，以寻求市场为目标的中国企业会更多地将投资投入市场规模较小的发展中国家。

（二）工资水平

一国的工资水平代表了该国整体劳动力成本的高低，而劳动力成本是企业生产经营成本中非常重要的构成部分，所以，劳动力成本因素是企业在决定投资东道国时必须考虑的因素。国际生产折中理论指出，一国劳动力成本的高低是其能否拥有区位优势的重要因素之一。如果东道国整体工资水平比他国低，那么，在当地开展投资活动的跨国企业就能够获得更高的投资回报，所以，一国较低的工资水平可以吸引更多外资的流入。很多学者的研究结果也支持了这一观点，劳动力成本确实是影响一国对外直接投资的重要因素。现阶段，中国劳动密集型产品的生产成本由于国内劳动力成本的上升而有所增长，为了保持自身的市场竞争力，国内很多企业开始选择在海外投资设厂，将生产转移至劳动力成本更低的东道国。

（三）制度因素

制度因素主要包括，宏观政治体制、社会稳定性、政府工作效率、法律环境、税收体制和外资政策等。一般来看，制度质量高的东道国可以为跨国公司在东道国的生产经营提供制度保障，降低投资的风险和不确定性。同时，政府办公的高效率以及良好的法治环境等还可以有效地降低交易成本，而在制度质量差的东道国开展投资活动可能会为企业带来不必要的成本。所以，制度质量高的东道国对于跨国公司开展投资活动会更有吸引力（Henisz and Delios，2001）。

总体上，对于那些政治腐败、法制不健全、社会稳定性差的国家，由于投资风险太大，交易成本也很高，海外投资往往会受到抑制。因此，中国企业的投资大多还是投向了那些透明度高、社会稳定以及拥有优惠外资政策的国家，如新加坡等国家就是通过优惠的投资政策和各种便利化条件吸引中国的对外直接投资。

（四）自然资源禀赋

研究表明，自然资源丰富的国家总会吸引更多对外直接投资（Aleksynska and Havrylchyk，2013）。自然环境所赋予的一国资源禀赋是一种先天形成的区位优势，对企业选择投资目的地具有重要的影响，尤其对于资源寻求型的对外直接投资企业而言，自然资源的丰裕度是其区位选择决策的决定性因素。严重依赖原材料生产产品的制造业，如金属制造业、家具业企业往往偏向于对那些自然资源丰富的地区进行投资。中国自然资源总量可观，但人均资源很少，不能满足工业化进程所带来的巨大资源需求量，因此，投资利用国外资源是突破中国资源"瓶颈"的一种重要手段。近年来，中国资源寻求型的对外直接投资企业增势明显，这些企业一般采用两种方式来解决资源短缺问题：一是直接将生产转移至那些有丰富原材料储量的国家；二是在境外投资设厂开采资源，然后，再将这些资源进口到中国的工厂。

（五）技术水平和人力资本

在知识经济时代，技术和人才作为战略性资产，在企业的竞争中起着决定性作用，因此，寻求先进技术和人才成为包括中国在内的发展中国家对外开展直接投资活动的主要动机之一。

研究表明，发展中国家的跨国公司为了获取先进的技术和管理经验以及知名品牌等战略性资产，通常会在技术先进的发达国家收购企业或在当地建立研发中心（Yadong Luo and Rosalie L. Tung, 2007）。因此，发展中国家在进行投资区位选择时，东道国的技术水平会在很大程度上影响企业决策。此外，在当代的新空间分工体系中，一些跨国公司从产品构思、设计、试验性生产再到产品关键零部件的生产都需要大量的高层次人才参与其中，所以，选择投资目的地时往往趋向于高质量劳动力集中的地区，充分利用当地的人力资源，逐步实现设计、研发的当地化。中国制造往往被冠以"低附加值"的标签，因此，中国企业在选择对外直接投资区位时需要重点考虑两类因素，即产品技术水平的提升和高质量人力资源的获取。

（六）基础设施

波特（Porter, 1990）提出，一个国家的基础设施条件在吸引外资流入方面具有重要影响，基础设施虽然不直接参与企业的生产经营活动，但却是企业运营成本的重要影响因素。基础设施主要是指，一国的交通运输、通信和电力等能源供应设施等。基础设施是一国经济发展的基础，如果东道国的基础设施建设较为完善，跨国公司在生产经营活动中用于配套设施等方面的费用就会大幅度降低，从而提升企业盈利水平，促进跨国公司的发展。因此，企业在选择对外投资区位时，往往会重点考虑东道国的基础设施完善程度。东道国的基础设施越完善，越能够吸引企业对该国进行投资。

（七）集聚效应

集聚效应是指，产业或企业的生产经营活动集中在一定空间范围内而产生的吸引其他经济活动也向这个地区靠近的一种经济现象。通常，大量企业聚集在一片区域内，可以很好地节约生产成本，降低投资风险，还可以利用外部经济，扩大生产规模和消费需求。当然，集聚效应也会在一定程度上影响企业的投资区位决策。克鲁格曼（1991）在《报酬递增和经济地理》中就强调了规模经济会使得产业趋向于聚集在特定的地理区域，最典型的就是美国的"硅谷"。余珮和孙永平（2011）对中国外商直接投资的区位分布问题展开了研究，结果显示，来自同一个国家或地区的外商投资呈现集聚现象。中国对外直接投资尚处于初级阶段，国内投资企业出于降低投资风险和不确定性损失的考虑，往往会选择跟随国内早期投资者的方式选择投资区位。在对东道国进行投资的过程中，随着早期投资者所掌握信息的日益完善，经验也更加丰富，一方面，投资企业会加大投资，从而形成企业内部规模经济；另一方面，早期投资者也会带动更多本国企业参与投资，形成外部规模经济。[1]

---

[1] 张慧，黄建忠. 中国对外直接投资的区位分布与地理集聚效应研究 [M]. 厦门：厦门大学出版社，2015.

三、双边因素

(一) 双边汇率

阿利贝尔 (Aliber, 1970) 和邓宁 (Dunning, 1980) 认为, 货币升值造成的购买力增强, 会在一定程度上使得货币相对强势国家的对外直接投资活动可以获得更多收益, 从而使得国际直接投资从货币相对强势国家流向货币相对弱势国家。巴克利等 (Buckley et al., 2010) 和项本武 (2009) 的实证研究结果都支持上述观点。在研究汇率与对外直接投资关系的文献中, 虽然部分学者之间观点不同, 但在总体上, 大部分学者对于"投资母国较东道国的货币升值, 将吸引母国企业的投资流向该东道国"这一观点达成了共识。近年来, 在中国经济快速发展以及巨额外汇储备的推动下, 人民币不断升值。人民币相对于他国的货币价值越高, 人民币在该国的购买力则越强, 中国企业的投资收益水平也会相应地有所提高。因此, 人民币升值在一定程度上会成为中国企业对外开展投资活动的货币优势, 从而影响投资区位的选择。一般来说, 人民币较东道国货币价值越高, 那么, 流向东道国的投资额也会升高。

(二) 双边贸易

外商直接投资与国际贸易之间的关系一直以来都是中外文文献关注的焦点, 关于两者究竟为互补关系还是替代关系未形成统一观点。早在 20 世纪 50 年代, 蒙代尔 (Mundell) 就在理论上考察了 FDI 与进出口贸易之间的关系, 认为当存在国际贸易壁垒时, 对外直接投资会产生对国际贸易的替代效应。汤姆森和尼克莱代斯 (Thomsen and Nicolaides, 1991) 认为, 避开已有的非关税壁垒或预期的非关税壁垒, 是对外投资的重要动机。而小岛清 (1978) 的边际产业扩张论认为,对外投资与对外贸易之间的关系会因为投资类型的变化而有所差异,只有间接投资才会产生国际贸易的替代性,直接投资则会导致投资与贸易之间出现互补效应。约翰松和瓦伦(Johanson and Vahlne, 1977)认为,企业的国际化进程一般遵循国内活动—出口贸易—转至国外进行生产和销售的发展路径,中国企业走出国门开展境外投资也大多采取了这一模式,即"先贸易、后建厂"的进入模式。因此,与东道国的贸易关系越密切,一般越能促进中国企业的直接投资流向该国。但是,我们要注意的是,近年来发达国家频繁对中国发起的反倾销调查以及其他贸易保护措施,也使得中国部分企业为规避贸易壁垒而采取直接投资方式进入该国市场。从这个意义上讲,中国对外直接投资与对外贸易之间存在替代关系,如一些中国企业在国外建立制造和组装工厂,以避开东道国的配额限制和潜在的反倾销诉讼,保护其在东道国市场中所占的份额。

(三) 双边投资协定

双边投资协定,是指两国政府订立的专门用于鼓励和保护投资的双边法律保护协定。发展中国家的企业往往缺乏核心资产和国际化经营经验,且对外直接投资起步较晚,相关制度不健全,海外保险制度也不完善,投资风险往往高于发达国家。而双边投资协定作为签约的两国政府对彼此做出的投资承诺,对一国投资企业进入对方国家开展投资活动的审批程序、待遇、征税条件、损失补偿以及冲突调节机制等方面都进行了清晰解释,双方权利和责任都得以明确,为直接投资活动全程提供了保护,使得投资企业的风险大幅度降低,从而吸引更多投资流向该国。德伯特和维卡(Desbordes and Vicard, 2009)的研究在实证上证明了双边投资协定可以有效地促进签约国之间的投资额增加。

（四）双边地理距离

地理距离是企业进行对外直接投资区位选择时重点考察的因素，东道国与母国地理距离越远，意味着原材料、产品运输成本和投资管理成本越大，同时，两国间的语言文化差异、心理距离等也越大，这些都会增加投资的成本和风险，从而在一定程度上对企业对外直接投资产生阻碍作用。这一结论也符合中国目前对外直接投资的区位情况，中国企业对外直接投资倾向于流向如新加坡等邻近国家，这在大多数研究中国对外直接投资区位选择问题的文献中也得到了支持（程惠芳、阮翔，2004）。

第四节 中国企业对外直接投资区位选择的战略布局

目前，中国正处于"十三五"时期，经济发展步入调整和转型的关键阶段。中国必须立足国际、国内两个市场，稳步、快速地推进对外直接投资，充分发挥自身优势，改善产业结构，加快完善中国对外直接投资的区位战略布局。通过本章对中国对外直接投资区位选择现状的阐述和对相关影响因素的分析可知，一国要制定适应本国发展的对外直接投资区位分布战略，需要综合考虑自身情况与各类影响因素。根据中国目前所处的经济和社会发展阶段，中国企业在布局投资区位时，应注意发展中国家与发达国家并重。一方面，要继续推进对发展中国家的直接投资，加快中国过剩产能的产业转移；另一方面，也要加大对发达国家的投资，在投资活动中学习发达国家的先进技术和管理经验，以实现中国自身的经济结构和产业结构升级。因此，本节对中国企业对外直接投资的区位布局提出以下三点建议。

一、加大对发达国家的直接投资

通过对中国当前对外直接投资区位分布状况进行分析可以发现，中国已经开始加大对发达国家的投资，投资规模不断上升。究其原因在于：第一，发达国家有巨大的市场规模，居民购买力强，投资机会多。第二，发达国家拥有较为完善的法律制度和基础设施。第三，发达国家的科技高度发达。中国目前正处于经济转型的关键阶段，对发达国家的直接投资有利于获取先进技术和管理经验，是提升中国企业技术水平、实现产业结构升级的重要途径。第四，中国企业与发达国家的双边贸易较大，直接在发达国家进行投资建厂的做法可以有效地避开发达国家设立的各种贸易壁垒，降低进入发达国家市场的成本，保持并稳定提升企业在这些国家的市场份额。

因为发达国家的投资准入门槛和生产要素价格较高，市场竞争也更为激烈，所以，对进入发达国家市场开展投资活动的企业要求较高，投资企业需要具备较强的资金实力和技术水平。因此，中国企业在决定对发达国家进行投资前要十分谨慎，需要综合考虑东道国与自身的条件。企业如果并未拥有一定条件，就不能盲目开展投资活动，否则不仅不能获取先进技术和管理经验，还会造成投资失败。

二、巩固发展中国家市场

当前，虽然要积极倡导中国企业加大对发达国家的直接投资，但中国在部署对外直接投资区位战略过程中不能忽视发展中国家的重要性。首先，很多发展中国家的产业结构尚处于较低的发展阶段，中国部分产能过剩的传统产品，如纺织品、家电产品在这些国家具有比较优势。根据边际产业扩张理论，中国企业到这些发展中国家投资既能帮助这些国家发挥比较优势，也能解决中国国内产能过剩问题。随着这些传统产业的生产逐渐转移至境外，中国的产业结构和产品结构也能得以调整优化。其次，由于部分发展中国家拥有丰富的自然资源、能源、原材料和较为廉价的劳动力，通过对这类国家的直接投资，中国企业能够有效地降低资源获取成本和劳动力成本等，提高企业收益，缓解国内资源和能源短缺、环境污染等问题。最后，中国企业对外直接投资大量流向发展中国家，对发展中国家的直接投资可以发挥集聚效应，形成规模经济。

在支持向发展中国家进行投资的同时，我们也要注意，因为很多发展中国家政治不稳定、军事活动较为频繁，经济又比较落后，所以，在这些国家开展投资活动存在较大风险。为了尽可能降低这些风险可能带来的损失，政府应完善针对国内企业开展对外直接投资活动方面的管理制度和各项法律措施，为企业在东道国进行直接投资提供安全保障，同时，引导企业对外直接投资的正确流向。

三、加强"一带一路"沿线国家的投资合作

地理距离是对外直接投资区位选择中需要考虑的因素，而且，根据小规模技术理论和技术创新产业升级理论，企业对外直接投资活动应从周边国家开始。因此，中国企业在当前阶段还需要加大对周边国家的直接投资，积累经验。同时，中国要与周边国家签订更多的双边投资协议或多边投资协议，为中国企业在境外开展直接投资活动提供保障和更加便利化的投资环境，从而降低投资风险。如东南亚国家一直以来都是中国企业对外直接投资流向的主要目的地，主要原因在于东南亚的华人非常多，与中国的历史文化差异较小，沟通交流也很方便，中国企业在这些国家开展跨国经营活动的风险大大降低。

政府政策也是企业在做投资区位决策时需要重点考虑的因素。从中国政府提出"一带一路"倡议以来，无论是国有企业还是民营企业都加大了对"一带一路"沿线国家的投资。这些投资既可以促进东道国的工业化进程，也有利于中国企业实现产业结构升级，是双方互利共赢的重大战略，应坚定地实施下去。具体措施有以下三点。

第一，要加快与"一带一路"沿线国家签订高标准的双边投资协定或多边投资协定，并对相关条款进行完善。截至2016年6月30日，中国已经和56个"一带一路"沿线国家签订了双边投资协定，还与11个"一带一路"沿线国家签了自由贸易区协定，这为"一带一路"沿线国家与中国企业开展投资合作提供了制度性保障。[①] 然而，还有部分"一带一路"沿线国家没有与中国签订投资协定，且在已签订的协定中，有部分协定中的条款已不符合当前发展需要和中国对外直接投资企业的利益。因此，一方面，中国应该尽快与尚未签约的国家展开谈判，促成投资协定的签订；另一方面，修订和完善已签署协定中不符合时代发展和中国企业利益的内容和条款，为中国企业推进"一带一路"倡议提供良好的环境。

第二，加大对"一带一路"沿线国家的技术支持。发挥亚洲基础设施投资银行及"丝路"基金在"一带一路"建设中的引导作用，为推进"一带一路"沿线国家基础设施建设、产能合作等提供资金支持。在这个过程中中国应着重投资制造业、交通运输业、钢铁化工、有色金属及轻纺等具有比较优势的产业，以促进"一带一路"沿线国家产业结构优化升级。

第三，加强资源与能源方面的投资开发。"一带一路"沿线国家拥有丰富的能源、矿产及农业资源，尤其是金属矿产种类十分齐全。中国企业应该积极地与"一带一路"沿线国家展开能源和资源

---

① "一带一路"建设成绩斐然 [N]. 人民日报，2016年9月27日15版.

开发合作，建立"一带一路"沿线国家地质数据库及资源勘探开发基地，帮助"一带一路"沿线国家摆脱"资源诅咒"带来的经济停滞不前的现象，实现互利共赢。

综上所述，中国企业对外直接投资的区位选择战略应着重改变当前对外直接投资较集中的局面，在做到有重点地推进投资的同时，增强投资市场的多元化。具体来讲，应重点加强对北美洲和欧洲的直接投资，积极开拓大洋洲市场和非洲市场，同时，稳定亚洲市场和拉丁美洲市场。

目前，中国企业对外直接投资还处在初级阶段，对外直接投资的区位选择是一个复杂的过程，需要综合考虑影响区位选择的多种因素，才能正确制定中国企业对外直接投资区位战略布局，在未来的发展中获得更强的市场竞争力和国际竞争优势。

第四章

中国企业对外直接投资的产业选择

　　一般而言，对外直接投资的产业选择不仅关系到母国的产业结构调整和优化，而且对母国企业的经济效益也会带来较大影响。本章将从对外直接投资的产业选择理论基础入手，分析中国对外直接投资的产业分布特点和影响因素，并结合中国具体情况，为中国对外直接投资的产业选择提出可供参考的建议。

第一节　对外直接投资产业选择的理论分析

一、比较优势理论

　　比较优势理论的核心思想是："对外直接投资应该从本国（母国）已经处于或即将陷于比较劣势的产业（可称为边际产业）依次进行"（小岛清，1978）。母国应选择东道国具有相对优势地位的产业部门（但对于母国来说是处于相对劣势的产业部门）进行直接投资，而在本国国内集中力量发展优势产业，有利于本国的产业结构优化。日本对外直接投资从 20 世纪 60 年代中期开始，一直保持迅猛增长的势头，增速居世界第一位。从日本对外直接投资现状看，无不处处显示比较优势理论的基本原理。因为日本在 20 世纪 70 年代末的经济情况和我国目前具有相似之处，即存在着期望通过发展对外直接投资对国内产业结构优化发挥推动作用的客观要求，所以，比较优势理论对中国对外直接投资的产业选择具有一定的指导意义和借鉴作用。

二、产品生命周期理论

美国哈佛大学学者雷蒙德·弗农于 1966 年发表的《产品周期中的国际投资和国际贸易》一文中，首次提出了产品生命周期理论。雷蒙德·弗农将产品生命周期从该产品进入市场时起划分为三个阶段：创新阶段、成熟阶段和标准化阶段。假定世界有三类国家：一是新产品的发明国，通常为发达国家；二是发达程度略低的国家，通常为较发达国家；三是落后国家，通常为发展中国家。雷蒙德·弗农认为，新产品随其产生、成熟到标准化将在这三类国家间进行转移，其转移过程是：首先，在母国生产并出口；其次，转移到较发达国家投资生产，母国减少生产和出口；最后，转移到发展中国家投资生产，母国停止生产，改为从海外进口。

虽然产品生命周期理论并没有直接讲述对外直接投资的产业选择问题，但实际上，该理论通过分析不同阶段产品的生产在不同类型国家之间转移的情况，间接提出了企业在对外直接投资过程中应该根据其所处的产业发展阶段选择不同投资产业的思想。

三、技术创新产业升级理论

坎特韦尔（Cantwell，1990）和托兰惕诺（Tolentino，1993）

主要从技术累积论出发，解释发展中国家的对外直接投资活动。该理论指出，发展中国家的技术累积与提高建立在学习经验基础之上，根据其技术累积路径，可以预测发展中国家对外直接投资地理分布和产业分布的变化规律。

坎特韦尔等认为，发展中国家对外直接投资的产业选择一般会首选自然资源开发为主的劳动密集型产业，之后，是进口替代和出口导向为主的横向一体化生产活动。随着发展中国家工业化进程的加快及技术的积累与升级，在进行对外直接投资时已不再仅限于选择劳动密集型产业，而是开始涉足高科技领域的生产经营活动。技术创新产业升级理论解释了20世纪80年代以来发展中国家，尤其是新兴工业化经济体对外直接投资的结构由发展中国家（地区）向发达国家、由传统产业向高技术产业流动的轨迹。对于发展中国家（地区）通过对外直接投资来加强技术创新与积累，进而提升产业结构和加强国际竞争力具有普遍的指导意义。

第二节　中国企业对外直接投资的产业变迁与分布特点

一、中国企业对外直接投资的产业变迁

（一）全球对外直接投资的产业变迁

随着世界经济的发展，全球对外直接投资的产业选择在不断发生变化，其产业发展变迁的历程大致可以分为四个阶段。

第一阶段（1970~1989年）。在这一阶段，对外直接投资的产业选择以第二产业中的制造业为主，主要集中在化学工业、机械工业、交通运输设备和食品工业。

第四章　中国企业对外直接投资的产业选择

第二阶段（1990~1999年）。在这一阶段，对外直接投资主要集中在第三产业，其中，服务业的对外直接投资比重占比超过了制造业，投资产业结构呈现明显的高级化趋势。

第三阶段（2000~2007年）。第三产业处于高速稳步增长期，在这一阶段，对外直接投资集中在第三产业的金融、保险和房地产业等行业。

第四阶段（2008年至今）。在这一阶段，对外直接投资中服务业绝对优势凸显，制造业位居其后。发达国家这一阶段主要以高新技术产业为发展重点，转而将钢铁、化工、造船等重化工业及汽车、家电等制造业向外转移。

（二）中国企业对外直接投资的产业变迁

中国企业对外直接投资的产业变迁历程与全球对外直接投资的产业变迁并不相同，改革开放以来，中国产业的对外直接投资经历了探索、起步、成长及高速发展四个阶段，具体如下。

1. 以贸易服务业为主的探索阶段（1979~1985年）

1979年8月，国务院出台相关政策允许中国企业开展对外直接投资活动，一些具有国际化经营能力和经验的企业开始走上国际化的道路。这一阶段，国家对对外直接投资企业有着非常严格的限定，只能在政府统一管理下进行投资，国有大型贸易集团就成了对外直接投资的主体。例如，中国石化进出口公司、中国粮油进出口公司、中国煤炭进出口公司和中国国际信托投资公司等。在这一阶段，对外直接投资规模比较小，产业选择主要围绕进出口贸易、国际金融和国际航运等相关领域。与此同时，中国企业也在工农业生产、资源开发、餐饮旅游等行业开展了一定规模的直接投资。

2. 以工业和贸易服务业为主的起步阶段（1986~1993年）

随着改革开放的深化发展，更多企业想要进行对外直接投资。

为了加速推进中国的对外开放进程，国家出台了一系列有关对外直接投资的政策，规范和促进了中国企业对外直接投资的发展。这一阶段，中国对外直接投资以工业和贸易服务业为主，第二产业与第三产业比重持续上升，而第一产业对外直接投资比重显著下降。截至1993年底，中国境外企业共有4479家，其中，贸易类企业有2660家（占比为59.4%），非贸易类企业有1819家（占比为40.6%）。[①] 对外直接投资的产业选择多集中在第二产业、第三产业，如进出口贸易、通信服务、制造工业、工程建筑及资源开发等行业。

3. 产业选择范围全面拓展的成长阶段（1994~2000年）

这一阶段，中国对外直接投资的产业选择范围在不断扩大，从以前的"贸易服务和工业"为主，拓展到了三大产业全面发展。首先，从投资产业覆盖的国别和地区来看，1992年中国企业对外直接投资只有120多个国家（地区），2000年已经扩展到160多个国家（地区）。其次，从产业覆盖面来看，中国对外直接投资涵盖了包括农林牧副渔、家电、纺织、商业服务、咨询服务、服装机电产品等境外加工制造、批发零售等在内的多个产业。这一阶段，经济全球化趋势明显，中国对外直接投资的产业选择迅速拓宽成长。

4. 以第三产业为重心的高速发展阶段（2001年至今）

2001年以来，中国对外直接投资的产业选择主要以第三产业为重心。投资产业范围主要集中在租赁和商业服务业、金融业、批发零售业等。另外，在第三产业中的文化、教育、科研、技术服

---

① 刘红忠. 中国对外直接投资的实证研究及国际比较[M]. 上海：复旦大学出版社, 2001.

第四章 中国企业对外直接投资的产业选择

务、环境及公共管理等各行业均有涉及，实现第三产业全面覆盖。从中国企业对外直接投资存量来看，如图4-1所示，截至2016年，第三产业占中国企业对外直接投资总存量的75.64%，第二产业和第一产业分别占比为23.26%和1.10%，第一产业和第二产业的占比之和仍不及第三产业的比重，可见，虽然中国对外直接投资中三大产业均有所涉及，但仍然集中在第三产业。

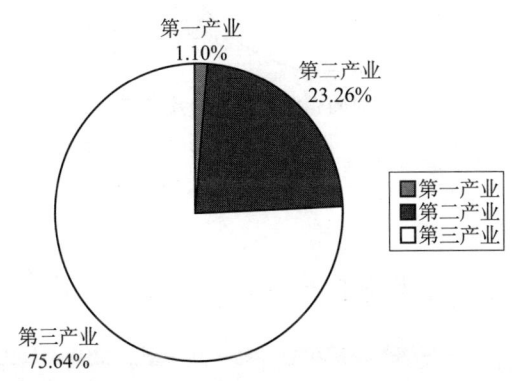

图4-1 2016年中国企业对外直接投资存量的产业分布

资料来源：笔者根据《2016年度中国对外直接投资统计公报》相关数据整理计算绘制而得。

从中国企业对外直接投资流量看，2016年，中国企业对外直接投资总流量达到1961.5亿美元，其中，流向第三产业的投资流量达到1539.5亿美元，占比为78.50%，主要是投向租赁和商务服务业，批发和零售业，信息传输、软件和信息技术服务业及金融业等。2016年，三大产业的对外直接投资流量占比，如图4-2所示，第一产业的农林牧渔业占比为1.70%，第二产业占比为19.80%，可见，2016年中国对外直接投资主要流向第三产业。结合2016年中国企业对外直接投资流量和存量的分布情况，第三产业在这一阶段发展十分迅猛。

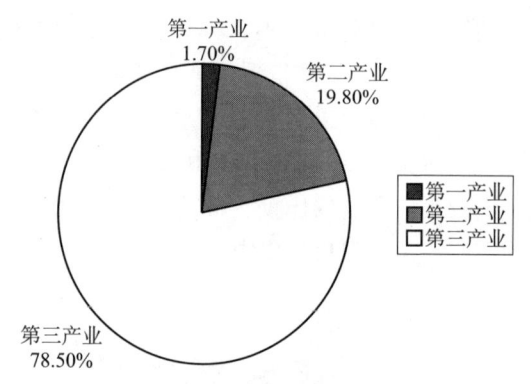

图4-2 2016年中国企业对外直接投资流量的产业分布

资料来源：笔者根据《2016年度中国对外直接投资统计公报》相关数据整理计算而得。

二、中国企业对外直接投资的产业分布特点

中国企业对外直接投资的产业选择，具有产业集聚度高、区域投资合理化和产业投资稳定等特点。

（一）产业选择具有集聚度高的特点

产业集聚是指，在某一地理区域同一产业高度集中，产业资本要素在空间范围内不断汇聚的过程。下面，将从投资存量和投资流量两方面分析产业集聚度较高的现象。

1. 投资存量角度

《2016年度中国对外直接投资统计公报》显示，2016年末，中国对外直接投资存量超过1000亿美元的行业共有5个，存量和为10809.4亿美元，占中国对外直接投资存量总额的79.7%。

从图4-3可以看出，2016年，中国企业对外直接投资存量排名前五位的行业分别是租赁和商务服务业、金融业、批发和零售业、采

矿业、制造业,其中,租赁和商务服务业存量最多,高达4739.90亿美元,且这五大行业的占比远远超过其他行业,行业集聚度高。

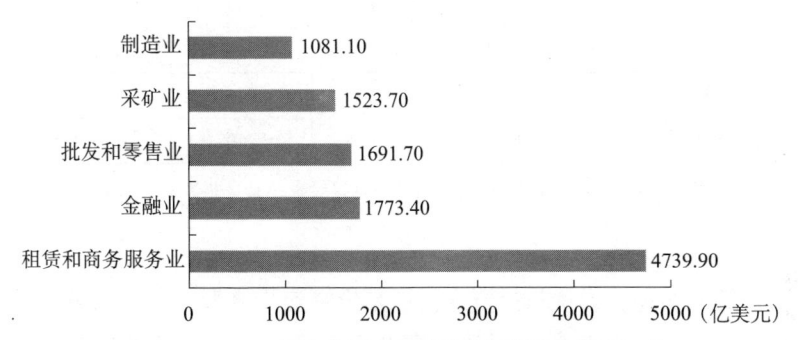

图4-3　2016年末中国企业对外直接投资存量前五位

行业	金额(亿美元)
制造业	1081.10
采矿业	1523.70
批发和零售业	1691.70
金融业	1773.40
租赁和商务服务业	4739.90

资料来源:笔者根据《2016年度中国对外直接投资统计公报》整理计算绘制而得。

2. 投资流量角度

2016年,中国企业对外直接投资流量跃居世界第二,对外直接投资主要涉及租赁和商务服务业、批发和零售业、采矿业、交通运输业、制造业等领域。从投资流量角度来看,五大行业的对外直接投资流量总和达1325.7亿美元,六成以上的对外直接投资集中在这五大行业[1],具体数据见表4-1。

表4-1　　　2016年末中国企业对外直接投资前五大行业投资存量、投资流量情况

行业	流量金额(亿美元)	占比(%)	存量金额(亿美元)	占比(%)
租赁和商务服务业	657.8	33.5	4739.9	34.9

---

[1] 笔者根据《2016年度中国对外直接投资统计公报》的相关数据整理计算而得。

续表

行业	流量金额（亿美元）	占比（%）	存量金额（亿美元）	占比（%）
金融业	149.2	7.6	1773.4	13.1
批发和零售业	208.9	10.7	1691.7	12.5
采矿业	19.3	1.0	1523.7	11.2
制造业	290.5	14.8	1081.1	8.0

资料来源：笔者根据《2016年度中国对外直接投资统计公报》相关数据整理计算而得。

综上所述，无论从投资存量还是投资流量来看，中国对外直接投资的产业主要集中在租赁和商务服务业、金融业、批发和零售业、采矿业、制造业五大行业，占比之和均超过了70%。这也表明，中国企业对外直接投资的产业集聚程度较高。

（二）区域投资合理化

随着中国对外直接投资范围和区域不断扩大，在不同区域的产业布局不断调整，使得对外直接投资的产业选择趋于合理化。

由表4-2可以看出，中国对东盟的直接投资主要分布在制造业，租赁和商务服务业，采矿业，批发和零售业，电力、热力、燃气及水的生产和供应业等产业；中国对欧盟的直接投资主要分布在制造业、采矿业和金融业三个行业，而对澳大利亚的直接投资主要集中在采矿业，对美国的直接投资集中在制造业和金融业，对俄罗斯的直接投资则集中在采矿业。可以看出，中国对外直接投资的行业分布特点主要是根据东道国（地区）之间不同的比较优势开展对外直接投资，这既有助于企业更好地"走出去"，又有助于中国对外直接投资格局的稳定。

表4-2 2016年末中国的对外直接投资行业存量在五大经济体的分布

单位：亿美元

行业	全球	东盟	欧盟	澳大利亚	美国	俄罗斯
农林牧渔	148.9	31.4	8.1	7.1	2.6	30.1
采矿业	1523.7	101.7	153.4	191.5	30.8	61.8
制造业	1081.1	131.5	160.7	12.6	151.8	11.6
电力、热力、燃气及水的生产和供应业	228.2	91.2	17.6	2.9	5.0	—
建筑业	324.2	45.1	1.7	3.4	12.7	2.4
信息传输、信息技术服务业和软件	648	6.0	4.9	—	54.5	
批发和零售业	1691.7	96.9	72.6	11.6	40.2	4.1
住宿和餐饮业	41.9	—	7.9	—	5.3	
金融业	1773.4	45.7	140.5	24.7	104.9	3.1
房地产业	461.1	19.9	31.6	41.1	57.2	3.7
租赁和商务服务业	4739.9	112.2	55.8	18.1	69.5	11.2
科学研究、技术服务	197.2	7.2	20.8	1.6	30.3	
居民服务和其他服务业	169	5.7	3.1	2.6	9.9	
交通运输、仓储和邮政业	414.2	18.2	11.7	7.9	5.6	—

注："—"表示数据缺失。

资料来源：笔者根据《2016年度中国对外直接投资统计公报》整理计算而得。

（三）对外直接投资三大产业占比趋于稳定

随着中国对外直接投资规模逐渐扩大，三大产业占比也呈现了稳定的发展趋势。从表4-3可以看出，2011~2016年，中国对外直接投资的三大产业占比总体来说趋于稳定。具体而言，第一产业的占比基本维持在约1%~2%，投资流量占比略多于投资存量占比，但是整体比例较稳定。第二产业的占比在 20% 左右波动，除了 2012 年第二产业投资流量占比有较大幅度下降以外，中国对外直接投资在第二产业的投资比例波动幅度较小，处于稳定发展的状态。中国对外直接投资主要集中在第三产业。2011~2016 年，第三产业的占比变化不大，存量占比维持在 71.84%~75.64%，而流量占比多数在 70.00% 以上。由此可见，近年来中国对外直接投资三大产业所占比重较为稳定，表明目前中国的产业结构呈现出较为稳定的发展状态。

表 4-3　　2011~2016 年中国对外直接投资三大产业占比情况　　单位：%

行业分类	2011 年 存量占比	2011 年 流量占比	2012 年 存量占比	2012 年 流量占比	2013 年 存量占比	2013 年 流量占比	2014 年 存量占比	2014 年 流量占比	2015 年 存量占比	2015 年 流量占比	2016 年 存量占比	2016 年 流量占比
第一产业	0.8	1.07	0.93	1.66	1.09	1.68	1.10	1.65	1.05	1.77	1.10	1.68
第二产业	25.7	33.5	24.58	15.79	27.07	34.35	24.21	25.42	24.02	25.48	23.26	19.84
第三产业	73.5	65.43	74.48	82.55	71.84	63.96	74.69	72.93	74.94	72.76	75.64	78.49

资料来源：笔者根据《2016 年度中国对外直接投资统计公报》整理计算而得。

第三节　对外直接投资产业选择的影响因素

中国企业在对外直接投资的产业选择过程中，逐步形成了行业选择多元化、投资区域合理化的投资格局。这种投资格局的形成是诸多影响因素综合博弈的结果。具体来说，影响中国对外直接投资产业选择的因素概括为东道国的资源禀赋、东道国市场因素和国家政策导向等。

第四章 中国企业对外直接投资的产业选择

一、东道国的资源禀赋

企业进行对外直接投资的产业选择时,先需要考察东道国的资源禀赋,只有东道国的资源满足母国的投资需要时才会开展对外直接投资。资源禀赋是指,一国拥有的生产要素丰裕程度,包括自然资源、劳动力、资本、企业家才能等。了解资源禀赋如何影响对外直接投资的产业选择,才能更好地指导中国产业进行对外直接投资。研究发现,东道国的资源禀赋主要通过以下三个途径影响中国企业对外直接投资的产业选择。

1. 寻求自然资源是中国企业对外直接投资的主要动因之一

在全球经济快速发展的时代,对自然资源的需求显得尤为强烈。中国是人口大国,又是人均资源小国,中国许多自然资源的人均水平远低于世界平均水平。[①] 自然资源成为限制中国经济发展的一个重要因素。在比较优势的基础上,针对母国稀缺资源的情况,为其寻找该种资源丰富的东道国,大力发展该资源的前向连锁产业,以缓解母国产品供不应求的情况成为中国对外直接投资的一个重要导向。中国的资源导向型对外直接投资企业在进行对外直接投资的产业选择时重点关注的是东道国丰裕的自然资源。

2. 劳动力价格也是中国企业对外直接投资产业选择的一个因素

劳动力价格可以用工资衡量,价格越低表明劳动力越具有比较优势。选择具有劳动力比较优势的东道国进行劳动密集型产业的对外直接投资,可以降低母国的生产成本。一般而言,在考虑此因素的情况下,发展中国家和欠发达国家是最合适的选择。因此,劳动

---

① 杜祥琬. 我国能源发展空间研究的方法学问题 [N]. 中国能源报,2013 – 02 – 25.

密集型产业的对外直接投资,要充分考虑东道国的劳动力价格。

3. 东道国的人才优势会大大吸引高科技产业的投资

企业最大的竞争优势就是人才。东道国的人才优势往往会吸引大量企业去东道国投资,利用当地人才优势,开展研发等经营活动,提高技术水平、更新知识储备,从而提高企业竞争力。如美国的"硅谷"已成为各种高科技人才的聚集区,依托具有雄厚科研力量的世界名校,吸引了世界各地的高科技人才。目前,在"硅谷"任职的科技人员已有100万人以上,美国科学院院士近千人,获诺贝尔奖的科学家就达30多人。如此高端的人才配给,形成了"硅谷"目前的人才优势,吸引全球众多公司投资设立研发中心。

综上所述,东道国的资源禀赋是影响中国企业对外直接投资产业选择的重要因素之一,对中国企业的对外直接投资战略影响巨大。

二、东道国的市场因素

东道国的市场因素也是影响对外直接投资产业选择的关键因素,市场因素包括东道国的经济发展水平、经济发展战略、市场的完善程度等。这些因素对产业选择的影响途径各不相同,具体影响机制有以下三点。

1. 东道国的经济发展水平

母国进行对外直接投资,一般会选择与其经济发展水平较为接近的东道国。这是由于经济发展水平越接近,两国的消费能力和需求状况越相似,在产品的接受度方面能更好地与东道国的企业和消费者进行匹配。

2. 东道国的经济发展战略

经济发展战略是指，经济发展中具有全局性、长远性、根本性的构想和计划，在一定时期内，一国的贸易政策都是根据本国的经济发展战略制定的，而这些政策可能会对到该国进行对外直接投资的企业产生较大影响。东道国的经济发展战略可以充分体现东道国的产业政策倾向性，在进行对外直接投资之前考虑该因素的影响可以减少母国对外直接投资产业选择时的不确定性。

3. 东道国的市场完善程度

一般而言，当母国市场存在产能过剩的情况，而在东道国市场该产业还处于未饱和状态时，母国往往通过对外直接投资将国内过剩产业转移到东道国。这种对外直接投资不仅可以解决母国产能过剩的问题，优化其产业结构，也可以缓解东道国市场因该产业的发展不足而产品供不应求的问题。

三、国家产业政策导向

国家产业政策是指，政府为了实现一定的经济目标和社会目标而对产业的形成和发展进行干预的各种政策总和，包括母国的产业政策和东道国的产业政策。国家产业政策是综合国内具体的产业状况与国际经济环境制定的。即使在市场经济发达国家，政府对产业政策的导向作用也很重要，主要源于国家产业政策的诸多特点：（1）综合性。产业政策是综合考虑国内产业状况和国家经济结构发展水平等因素而制定的。（2）协调性。国家产业政策促进了对外直接投资的企业行为与国家整体利益相协调，只有政府合理地对对外直接投资的产业进行宏观调控，才能使其进入高效运行的轨道。（3）导向性。对国内企业而言，产业政策为其对外直接投资的产业选择提供了方向。(4) 扶持性。企业根据产业政策进行对外直接投资，可以得到国家的支持，减少在"走出去"过程中可能遭受的挫折等。(5) 动态性。根据市场环境的变化对产业政策进行调整，从而可以更好地指导对外直接投资。

对外直接投资的产业选择会受产业政策的影响。在东道国方面，东道国制定的产业政策倾向于吸引具有国际竞争力的企业对其进行对外直接投资，以便引进较为先进的技术和管理经验。这是因为根据"干中学"的理论，学习国外的先进技术和管理经验并对其进行改造，可以提高国内产业的整体水平，从而促进国内相关产业的发展或是优化国内产业结构，缓解国内某些产品供不应求的局面。在母国方面，制定的产业政策多鼓励国内具有比较优势的产业进行对外直接投资。这样不仅优化产业结构，获取东道国的资源，还可以扩大母国企业的影响力，缓解产能过剩。

第四节　中国企业对外直接投资产业选择的建议

根据发展中国家对外直接投资的综合动因模型分析，如果政府可以通过产业政策对企业的对外直接投资行为加以引导，既可以实现企业的自身利益，也有利于国家的产业结构升级。为此，中国企业开展对外直接投资时，要考虑正确的产业选择，具体建议有以下四点。

一、加大现代服务业的对外直接投资

世界主要发达国家的经济重心都在向服务业转移。中国作为发展中国家，也应在该种国际形势下，积极开展服务业的对外直接投资，优化国内产业结构，实现经济转型升级。目前，中国对外直接

投资三大产业占比趋于稳定，第三产业占比最大，这与全球产业变化的总趋势基本一致。但从服务贸易的国际竞争力来看，常年处于巨额贸易逆差地位，充分说明中国服务贸易的产业基础比较薄弱，特别是在现代服务业领域。当前，云计算、大数据等新一代信息技术迅猛发展，为中国现代服务业的发展创造了更好的技术基础。我们可以通过现代服务业的对外直接投资活动，牢牢抓住这次机遇，加快与新一代技术的相互融合，切实提高中国现代服务业的国际市场竞争力，优化服务产业结构。

二、扩大对高新技术产业的学习型投资

随着新技术革命的不断深入和发展，高新技术产业迅速在世界范围内兴起，致使高新技术产业成为新的投资热点。在一些发达的西方国家，高新技术产业已经取代传统产业，成为国民经济中最大的产业部门。由于国内产业结构的层次还比较低，不可能盲目地要求高技术产业成为对外直接投资的重点，但还是应将其作为中国对外直接投资产业的重点发展方向。一是技术创新产业升级理论认为，发展中国家企业技术能力的提高与其对外直接投资的增长直接相关，发展中国家可以通过对外直接投资加强技术创新与积累，进而提升产业结构并加强国际竞争力。这一结论对中国企业对外直接投资由传统产业向高技术产业转变具有重要的指导意义。二是当今国际市场的竞争在一定程度上表现为高新技术产业领域的竞争，科学技术已成为现代经济发展最主要的推动力。因此，中国非常有必要加大高新技术产业的学习型投资，即以汲取国外先进的产业技术和管理经验、带动国内产业升级、创造新的比较优势为目的向技术发达国家进行对外直接投资。这将给中国带来两方面好处：一方面，可以绕过贸易壁垒更直接地学习外国的先进技术、经营管理经验，跟踪世界技术发展动态，向国内进行传输和扩散，充分发挥技

术的外溢效应和示范效应,推进技术升级和产业升级;另一方面,可以形成对母国产业结构高度化的直接牵引,即从国际生产的需求方面或供给方面,推动母国产业结构合理化。

目前,中国高新技术产业对外直接投资的途径主要有以下两种:一是在境外设立研发中心。在世界技术创新密集区建立研发机构,是取得新技术和提高本国企业技术水平的重要方式。如海尔集团在美国和德国建立了以研发和技术转让为主要目的的企业,并在美国的洛杉矶和"硅谷"、法国的里昂、荷兰的阿姆斯特丹及加拿大的蒙特利尔设立了六个产品设计分部,通过境外产品开发来推动国内产品的技术升级和出口竞争力的提高。[①] 二是跨国并购高科技企业。通过直接收购发达国家的企业,可以快速获得其技术,提高中国企业的技术水平,促进产业升级。

三、加大对产能过剩产业的投资

国际产能合作是基于国内产能过剩提出的。产能过剩是指,企业生产能力和市场容量之间的矛盾,当前者大于后者就会出现产能过剩的现象。如果这种状况普遍存在于各个产业,就会出现产业层面的产能过剩,将严重影响一国经济的持续发展。目前,中国多个产业都存在产能过剩的情况,导致技术利用率低、产品积压等问题,解决该问题的主要途径就是加大对产能过剩产业的对外直接投资。中国产能过剩的产业一般是具有比较优势的产业,在国际市场上具有较强的竞争力或占据市场份额较大,该产业的对外直接投资一般相对容易获得成功。中国与经济不够发达的发展中国家在经济发展层次、产业结构和市场需求等方面都存在一定的互补性,与这些国家开展国际投资合作存在巨大发展空间。中国应该加大和这些

---

① 国际化的海尔. 见人民网 [EB/OL]. http://www.people.com.cn/GB/channel3/23/20000802/169449.html.

国家开展国际产能合作方面的谈判力度：一方面，可以转移中国过剩产能，实现国内产业升级；另一方面，可以提升东道国的工业化水平，推动其经济发展。

四、资源开发业仍将是中国对外直接投资的重要领域

资源开发业仍将是中国对外直接投资的重要领域，其主要原因是这类投资有助于缓解我国资源匮乏这一经济发展的"瓶颈"。针对资源缺乏而进行资源开发型的对外直接投资可以缓解资源供给不足的问题，相对提高了我国资源拥有量。所以，为了经济持续稳定发展，必须保证资源供应的稳定性。通过对资源较丰富国家的直接投资，建立稳定的资源供应基地，不仅可以降低通过市场转移资源的交易成本，也有利于规避世界市场资源价格大幅波动的风险。

第五章

中国企业对外直接投资的方式选择

第一节 中国企业对外直接投资的主要方式

在对外直接投资决策中,进入方式的选择对投资成败至关重要。目前,中国企业对外直接投资主要采用"绿地"投资(greenfield investment)和跨国并购(cross–border merger & acquisition)两种方式。

"绿地"投资是指,跨国公司在东道国建立新的企业,发展新的生产能力。通过"绿地"投资,跨国公司对新设公司的资产和技术具有较高的控制力,但也需支付高额的固定投资成本。跨国并购是兼并已经存在的外国企业,通过跨国并购可以取得被收购公司的现有资源,如研发中心、销售渠道和品牌等。

一、中国企业"绿地"投资现状分析

中国企业的"绿地"投资起步较早,在"走出去"战略和"一带一路"倡议的引导下,中国企业"绿地"投资规模快速增

第五章 中国企业对外直接投资的方式选择

长,甚至有赶超发达国家的趋势。根据联合国贸发会议发布的《2017年世界投资报告》数据显示,2016年中国企业"绿地"投资总额达到907.4亿美元,而北美发达国家这一总额也仅为1709.63亿美元,这充分说明中国企业在全球"绿地"投资市场中的地位日益提升。[1]

(一)中国企业"绿地"投资的规模

改革开放以来,中国企业对外直接投资的方式主要以"绿地"投资为主,当时,"绿地"投资主要集中在劳动力密集型产业和资源密集型产业,投资的东道国一般是资源丰富的发展中国家。中国许多家用电器和汽车生产企业主要通过"绿地"投资的方式开展全球化活动。

自2000年中国开始实施"走出去"战略,对外直接投资管制逐步放松,企业国际化进程进一步加快,企业自身资金实力不断增强,中国企业的"绿地"投资规模呈现出阶梯式增长的态势,见图5-1。2005~2016年,"绿地"投资的发展可大致分为两个阶段。

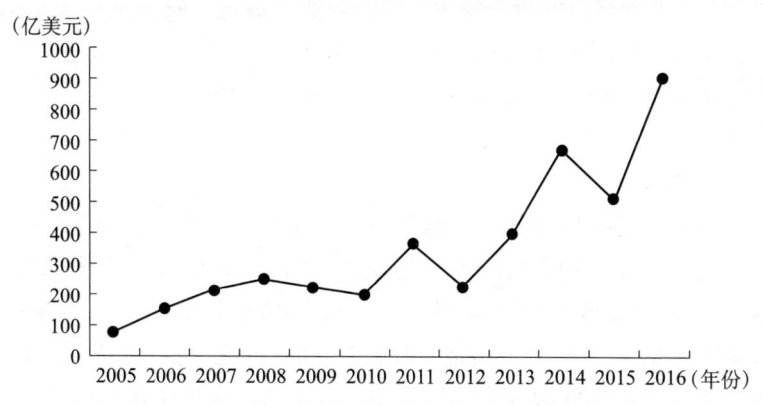

图5-1 2005~2016年中国企业"绿地"投资规模

资料来源:詹晓宁主编. UNCTAD. 2017世界投资报告[M]. 天津:南开大学出版社,2017.

---

[1] UNCTAD World Investment Report 2017 Annex table 18.

第一阶段是平稳增长期（2005~2010年）。"绿地"投资额由2005年的83.21亿美元增长到2010年的204.72亿美元。[①] 其中，2008~2010年，由于受到金融危机和欧洲主权债务危机的影响，全球经济深受打击，"绿地"投资规模出现了小幅下降。

第二阶段是频繁波动期（2011~2016年）。这一阶段，"绿地"投资规模波动比较频繁，主要是由于"绿地"投资规模对大额投资项目的依赖性很强，投资规模越大的年份，单笔投资额30亿美元以上的大项目越多。具体来看，第一阶段的2008年和第二阶段的2011年分别有一个30亿美元以上的"绿地"投资项目，2014年则有两个项目；[②] 同时，这些年份恰好也是"绿地"投资规模较高的时期。

（二）中国企业"绿地"投资的产业结构

中国企业"绿地"投资主要集中于第一产业和第二产业，如采矿、电力等自然资源开发利用行业和制造业；对第三产业，如商业服务、IT通信与互联网行业的投资较少。中国企业"绿地"投资的产业结构，见图5-2。由图5-2可知，在2003~2015年，中国企业"绿地"投资的存量规模最大的行业依次是制造业[③]、采矿业和电力业。

1. 制造业

制造业是中国对外"绿地"投资最主要的产业，且制造业以石油精炼、汽车和钢铁冶炼等产业为主。2003~2015年，中国企业对制造业的"绿地"投资金额累计达到1602.6亿美元，占"绿地"投资金额的47.1%。中国企业对制造业的投资目的主要是获取丰富的自然资源满足能源安全供给需要，以及利用东道国价格较低的土

---

① UNCTAD World Investment Report 2017 Annex table 18.
② "中国全球投资追踪"数据库（The China Global Investment Tracker，CGIT）。
③ 制造业指，金属冶炼及制品、能源、交通设备、工业、农业、电子设备、通信和纺织服装等行业。

地资源和劳动力，建立工厂，降低生产成本，带动国内的设备出口，输出国内的富余产能。同时，为东道国带来就业和创造更多GDP做出了一定贡献。

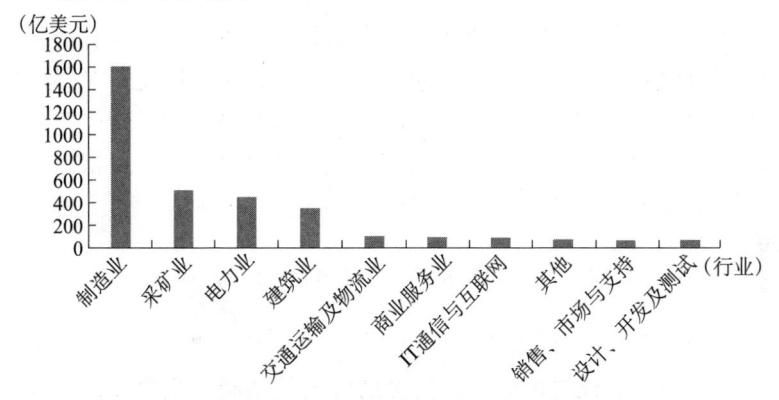

图 5-2　2003~2015 年中国企业"绿地"投资主要流向的行业

注：其他包括总部、研究与开发、教育和培训、技术支持中心、维修及服务业、回收业、客户联系中心和共享服务中心八个行业。

资料来源：中债资信评估有限责任公司等. 中国对外直接投资与国家风险报告2017 [M]. 北京：社会科学文献出版社，2017.

2. 采矿业

2003~2015 年，采矿业是"绿地"投资排名第二的行业。由于国内某些矿产资源稀缺，中国企业向矿产资源较多的国家进行"绿地"投资，获取接近矿产地的区位优势，降低开采成本及运输成本，提高企业经营效率。但是，2012 年之后，金属采矿业的投资额开始下降，主要原因有三点：一是全球大宗商品价格波动，矿业前景不明朗；二是中国投资采矿业的企业多为国有企业，东道国对国有企业在稀缺资源类的"绿地"投资反应敏感；三是中国国内产能过剩，经济结构转型使中国对能源矿产的需求减少。

3. 电力业

2003~2015年，电力业是"绿地"投资规模排名第三的产业。一些企业为了利用丰富的电力资源以满足生产供给，向具有资源禀赋的发展中国家投资；或者为缓解国内产能过剩的困境，对外输出产能，到较不发达地区投资设厂，同时，满足当地对基础电力的需求。越来越多的中国企业到周边国家支持基础设施建设，帮助东道国建设基础电网，促进当地的经济发展和社会进步。

（三）中国企业"绿地"投资的国别分布

中国企业主要向发展中国家进行"绿地"投资。自2013年"一带一路"倡议提出以来，为援助各国的基础设施建设，中国企业对"一带一路"沿线国家的"绿地"投资明显增加。如秘鲁、马来西亚、印度尼西亚和老挝等。中国企业"绿地"投资的国别分布，见图5-3。2005~2017年，中国企业"绿地"投资累计金额排名前十位的国家分别是，美国、澳大利亚、秘鲁、俄罗斯、马来西亚、印度尼西亚、加拿大、巴基斯坦、韩国和老挝。

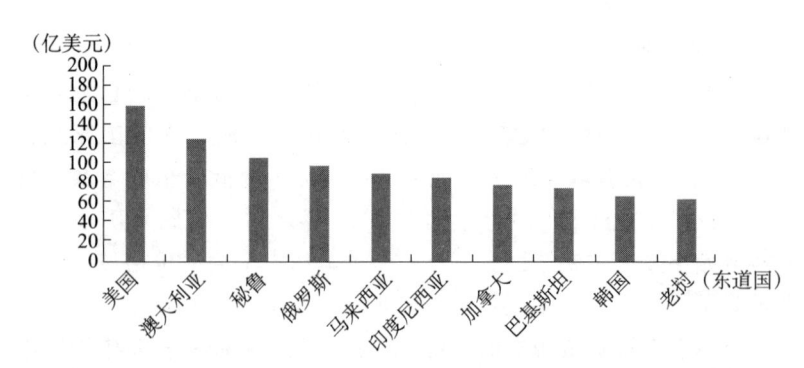

图5-3 2005~2017年中国企业对主要东道国累计"绿地"投资额

资料来源："中国全球投资追踪"数据库. The China Global Investment Tracker, CGIT.

第五章　中国企业对外直接投资的方式选择

中国针对发展中国家的"绿地"投资，其主要原因是：中国劳动力成本上升，为了获得发展中国家廉价的劳动力资源，提高企业的经营效率和盈利能力，所以，不断加大对发展中国家的"绿地"投资。

随着企业的国际化布局逐渐扩展，中国企业也加大了对发达国家的"绿地"投资。中国针对发达国家的"绿地"投资，其主要动因有：一是将产品打入发达国家市场；二是获得先进的研发技术，学习成熟的管理经验等。进入发达国家市场后，会促进中国企业在国内市场积极采用先进技术，提升产品质量并提高竞争力。

二、中国企业跨国并购现状分析

（一）中国企业跨国并购规模

改革开放初期，中国企业对跨国并购这类投资方式并不熟悉，1987~1991年，中国企业选择跨国并购的投资金额占对外直接投资总额的比重年均仅有13.1%。进入21世纪，中国在世界经济中的地位不断上升，企业对外直接投资的进入方式逐渐与国际接轨，越来越多的中国企业开始将跨国并购作为对外直接投资的进入方式。2002~2010年，跨国并购投资金额占对外直接投资总额的比重增长到44.4%。[①] 之后，中国企业跨国并购规模不断取得突破性增长，开启了中国企业对外直接投资的新篇章。

如图5-4所示，中国企业跨国并购的历程大致可分为三个阶段。第一阶段是2005~2008年，中国企业跨国并购数额不断上升，尤其是2007~2008年，跨国并购数额的增长幅度达到138.8%。[②] 在这期间，国务院于2006年下发了《关于鼓励和规范我国企业对

[①②] 资料来源：根据UNCTAD World Investment Report 历年数据整理。

105

外投资合作的意见》，商务部等部委于2008年又联合发布了《关于进一步规范我国企业对外投资合作的通知》和《关于加强中央企业境外投资管理有关事项的通知》。这些文件对引导中国企业对外直接投资更好、更快地发展起到了非常重要的作用，极大地鼓励了越来越多的企业加入对外直接投资的进程中。第二阶段是2009～2013年，在这期间，由于金融危机带来的影响，世界经济整体上处于疲软状态、复苏乏力，中国企业的跨国并购也呈现出短暂的下降趋势，但很快在2009年之后就实现了逆势上涨。第三阶段是2014年至今，中国企业跨国并购在这个阶段经历了小幅下降，但总体上，跨国并购呈波动式上升趋势，并在2016年达到较高水平。由于中国综合国力的不断提高，"一带一路"建设和国际产能合作的加快推进，对外直接投资政策体系的逐步完善，以及各国紧密合作深入推进等共同助力中国企业的跨国并购，2014～2016年并购额急剧增长。

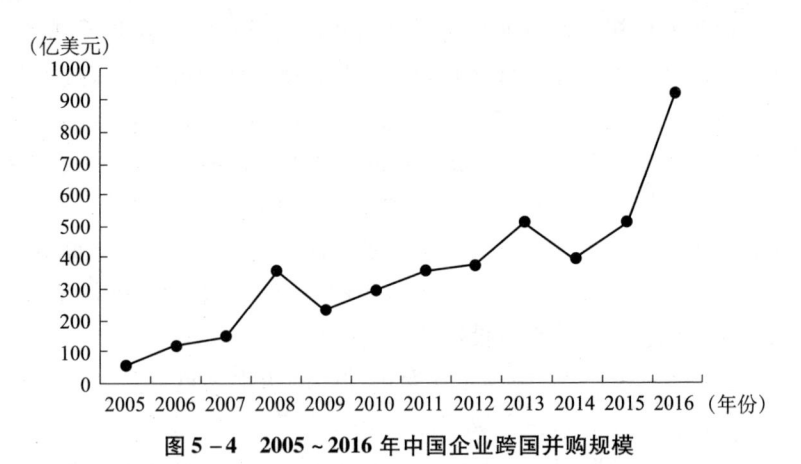

图5-4　2005～2016年中国企业跨国并购规模

资料来源：詹晓宁主编. UNCTAD. 2017 世界投资报告 [M]. 天津：南开大学出版社，2017.

第五章 中国企业对外直接投资的方式选择

(二) 中国企业跨国并购的行业结构

中国企业跨国并购主要集中于第三产业,如信息技术服务业、交通运输、仓储和邮政业,金融业、租赁和商务服务业;对第一产业,如农业、采矿业的投资较少。

如图 5-5 所示,2016 年,中国企业跨国并购流量最大的三个行业,依次是制造业、信息技术服务业和交通运输、仓储和邮政业。同时,金融业与租赁和商务服务业的跨国并购额较高,反映出中国企业跨国并购的行业结构逐步优化。当前,中国企业跨国并购主要集中在现代服务业等附加值较高的行业。

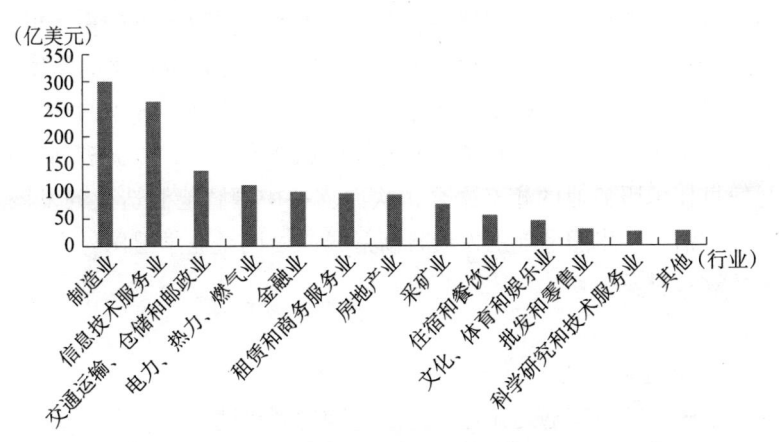

图 5-5 2016 年中国企业跨国并购投资主要流向的行业

注:其他包括卫生和社会工作、农林牧渔业、教育、水利环境和公共设施管理业、居民服务修理、其他服务业和建筑业七个行业。

资料来源:商务部等.2016 年度中国对外直接投资统计公报 [M].北京:中国统计出版社,2017.

1. 制造业

中国制造业形成了扎实的基础,正面临制造业转型升级的挑战和机遇。2016年5月，国务院印发《关于深化制造业与互联网融合发展的指导意见》，明确提出2018年制造业数字化、网络化、智能化取得明显进展及2025年新型制造体系基本形成、制造业综合竞争实力大幅提升的目标。① 然而，现阶段中国企业的制造业技术水平仍相对较低，在政策的引导下，中国企业积极并购国外的先进制造企业，引进顶尖生产设备，应用高端生产技术，提高运营效率，同时塑造国际品牌。

2. 信息技术服务业

中国企业在信息技术服务业的并购金额较大，主要有两个原因。一是智能制造业的发展和信息技术服务业具有紧密联系。根据《中国制造2025》，国家未来将着力推进工业化和信息化的深度融合，将制造业和信息技术服务业列为重要战略产业。政策的导向使得一些制造业公司开始着手并购海外信息技术公司，以促进制造业与信息技术服务业的相互融合，从而支持中国智能制造业的发展。另外，信息技术服务业的发展日新月异，中国企业学习国外先进技术的需求日益迫切。

3. 交通运输业

中国企业在交通运输业的跨国并购进展迅速。一方面，我国对外直接投资强调设施互联互通、国际运输业的跨区域合作以及运输便利化。许多中国企业对周边发展中国家的交通企业和汽车制造企业开展投资，加强双方在运输领域的合作，扩大了中国对外开放的格局。另一方面，中国交通运输企业积极并购发达国家的企业，从而获取先进技术和品牌影响力，实现产业链地位的升级。

---

① 新华社. 国务院印发《关于深化制造业与互联网融合发展的指导意见》. http://www.gov.cn/zhengce/content/2016-05/20/content_5075099.htm.

(三) 中国企业跨国并购的国别分布

在跨国并购方面，中国企业投资的目标主要集中在发达国家。如图 5-6 所示，2015~2017 年，中国企业跨国并购累计金额排名前十位的国家分别是：美国、澳大利亚、英国、瑞士、巴西、加拿大、俄罗斯、新加坡、德国和意大利。

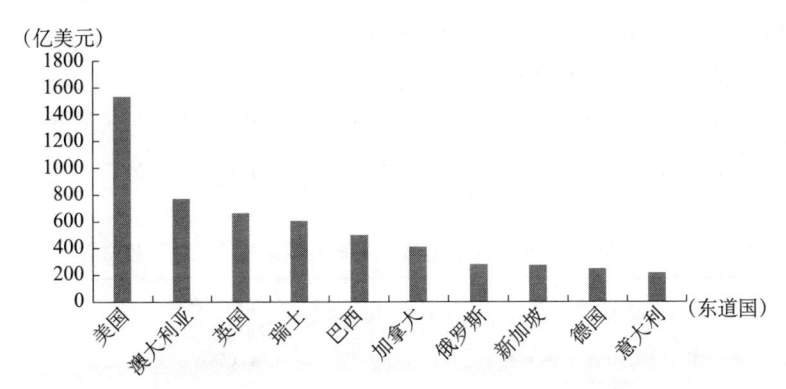

图 5-6　2005~2017 年中国企业对主要东道国累计跨国并购额

资料来源："中国全球投资追踪"数据库. The China Global Investment Tracker, CGIT. http://www.aei.org/china-global-investrnent-tracker/.

中国企业针对发达国家的公司进行跨国并购，其主要目的是获取技术和开拓市场。第一，中国企业的技术发展水平相对于发达国家企业来说较低，为了学习先进技术，融入良好的研发创新环境，企业会选择收购发达国家的企业，期望便捷地利用其关键技术，以促进企业的技术进步。第二，发达国家人均收入水平高，服务业发展较成熟，消费者的购买力强，拥有潜力巨大的市场。许多中国企业为了扩展市场，增加利润，扩大经营规模及打造品牌形象，纷纷到发达国家进行跨国并购。

第二节 对外直接投资方式演变及成因

一、中国企业对外直接投资方式的演变

中国企业对外直接投资方式长期以来都是以"绿地"投资为主，但近年来，跨国并购的规模逐渐扩大并超过了"绿地"投资，成为中国企业对外直接投资的主要方式。中国企业对外直接投资方式的演变，见表5-1。从跨国并购和"绿地"投资两种投资方式的规模、增长率和占比等数据，可以看出两种投资方式的演变规律。

表5-1   2005~2016年中国企业的跨国并购额与"绿地"投资额

年份	跨国并购额（亿美元）	并购额同比增长率（%）	并购额占比（%）	绿地投资额（亿美元）	绿地投资额同比增长率（%）	绿地投资额占比（%）
2005	60.41	—	42.06	83.21	—	57.94
2006	122.09	102.10	43.36	159.48	91.66	56.64
2007	150.26	23.07	40.44	221.28	38.75	59.56
2008	358.78	138.77	58.24	257.3	16.28	41.76
2009	234.02	-34.77	50.59	228.57	-11.17	49.41
2010	298.28	27.46	59.30	204.72	-10.43	40.70
2011	363.64	21.91	49.66	368.67	80.08	50.34
2012	379.08	4.25	62.13	231.07	-37.32	37.87
2013	515.26	35.92	56.14	402.55	74.21	43.86
2014	392.5	-23.82	36.85	672.54	67.07	63.15

续表

年份	跨国并购额（亿美元）	并购额同比增长率（%）	并购额占比（%）	绿地投资额（亿美元）	绿地投资额同比增长率（%）	绿地投资额占比（%）
2015	511.17	30.23	49.80	515.3	-23.38	50.20
2016	922.21	80.41	50.40	907.4	76.09	49.60

注："-"表示数据缺失。
资料来源：詹晓宁主编. UNCTAD. 2017 世界投资报告 [M]. 天津：南开大学出版社，2017.

第一阶段是 2005~2007 年，"绿地"投资占比保持在 50%~60% 的水平，而跨国并购占比相对较低，这一时期"绿地"投资是企业对外直接投资的主要方式。

第二阶段是 2008~2016 年，2008 年，美国爆发的金融危机席卷全球，许多国外企业面临破产的风险，企业价值被严重低估，中国企业抓住这个时机，积极开展跨国并购。跨国并购额同比增长了 138.77%，占比增加到 58.24%，投资规模首次超过了"绿地"投资额。随后几年，跨国并购金额虽然出现较大的涨跌波动，但投资占比大体呈现上升趋势，2016 年，占比达到 50.40%。这说明，跨国并购已成为中国企业对外直接投资的主要方式。

另外，从海外投资案例数来看，1987~1991 年，中国企业的并购案例年均只有 5 起，单笔平均价值为 1408 万美元。进入 20 世纪 90 年代，企业的兼并和收购开始逐渐活跃，年均发生 39 起。进入 21 世纪，中国企业的跨国并购快速增长，2002~2007 年，年均发生 102 起，单笔交易的平均价值也大幅上升至 4642 万美元。[1] 如图 5-7 所示，从 2005 年开始，中国企业的跨国并购案例数持续增长。2005~2008 年，"绿地"投资的案例数比跨国并购案例数更多；2009~2016 年，跨国并购案例数超过了"绿地"投资的案例数。跨国并购案例

---

[1] 中国与全球化智库（CCG）数据库。

数增长的趋势较明显,而"绿地"投资的案例数则处于不稳定的波动中。这也进一步说明,中国企业更加积极地参与跨国并购,跨国并购将成为中国企业对外直接投资的主要方式。

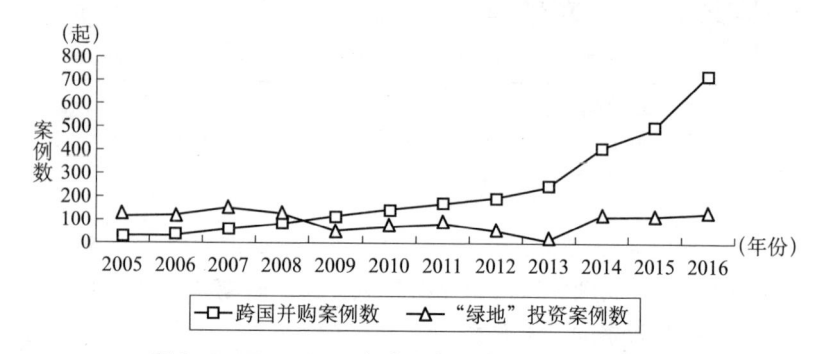

图 5-7　2005~2016 年中国企业对外直接投资案例数

资料来源:中国与全球化智库(CCG)数据库及 FDI Intelligence 数据库。

二、中国企业对外直接投资方式的演变成因

(一)国际投资环境的变化

政策环境是对外直接投资环境中的重要部分,东道国政府对引入外资的态度是影响外资进入的重要因素之一。保护主义色彩比较重的国家为了尽可能地维护本国经济利益与政治安全,对外国企业的兼并收购审核较为严格,但相对而言比较欢迎"绿地"投资,其主要原因是"绿地"投资不改变本国企业的股权结构,既能扩大东道国的经济总量,增加国内生产总值,促进相关产业发展,又能改善当地基础设施建设,提供就业机会,维持当地社会安定。支持投资自由化的国家比较愿意接纳跨国并购,并尽力

创造公平竞争、透明的营商环境，制定引资政策鼓励外国企业并购。联合国贸易与发展委员会（UNCTAD）的《2017世界投资报告》显示，各国政府继续采取措施促进外国直接投资，见表5-2。2016年，出台了84项使东道国环境更有利于外国直接投资的政策，占政策变化总数的67.7%。2004~2009年，受到全球金融危机的影响，国际资本流动管制趋严，促进投资的政策数量呈现缓慢减少的趋势，但还是比限制投资的政策数量多。2011~2016年，倡导投资自由化的政策数量逐渐增加，说明大多数国家对吸引外资都持开放的态度。中国企业对外直接投资面向的东道国对投资范围和股权比例的限制逐渐减少，使得对外直接投资的方式由"绿地"投资向跨国并购转变。

表5-2　　　2004~2016年部分国家对外国投资监管政策的变化

年份	投资制度发生变化的国家数	监管政策的变化数	自由化与促进投资的政策数	限制投资的政策数	中性政策数
2004	79	164	142	20	2
2005	77	144	118	25	1
2006	70	126	104	22	-
2007	49	79	58	19	2
2008	40	68	51	15	2
2009	46	89	61	24	4
2010	54	116	77	33	6
2011	51	87	63	21	3
2012	57	92	65	21	6
2013	60	88	64	21	3
2014	41	74	52	12	10

续表

年份	投资制度发生变化的国家数	监管政策的变化数	自由化与促进投资的政策数	限制投资的政策数	中性政策数
2015	49	99	74	14	11
2016	58	124	84	22	18

注："-"表示数据缺失。
资料来源：詹晓宁主编. UNCTAD. 2017 世界投资报告［M］. 天津：南开大学出版社，2017.

（二）对外直接投资的动机转变

一般来说，企业对外直接投资的动机有四类：资源寻求型、效率寻求型、技术寻求型和市场寻求型。"绿地"投资的主要动机，是资源寻求型和效率寻求型投资，[①] 可以较少受到东道国投资保护主义的限制，能最大限度地保持自身在技术方面和管理方面的垄断优势。一般来说，中国的劳动密集型企业和资源密集型企业采用"绿地"投资的方式对发展中国家投资，主要目的是获得能源矿产和劳动力等资源。而跨国并购主要对应的是技术寻求型和市场寻求型的投资动机，以便捷地取得被收购企业的资产，且购买资产的价格很可能低于目标公司该资产的市场价值，还能快速进入被收购企业原有的消费者市场并利用其营销渠道，充分整合原有人员和管理制度，从而尽快适应东道国的投资环境。

以往，中国企业进行对外直接投资的目的主要是获取资源，采用"绿地"投资方式较多。而随着中国经济的转型升级，以及中国企业投资动机的调整，企业开始将目光转向产品、服务、技术、品牌等战略资产，往往通过并购将其收入囊中。

[①] 李自杰. 中国企业对外直接投资的动机与路径研究［M］. 北京：中国人民大学出版社，2014.

(三) 价值链地位升级的要求

根据"微笑曲线"理论，中国以往一直处在全球价值链较低端的位置，而地位较高的两端，创新研发、品牌、渠道和营销等则难有中国企业的一席之地。"绿地"投资无法使企业直接获得在价值链两端的地位，而跨国并购能让企业快速获得被并购企业的资源并加以整合，使企业的业务向价值链两端延伸。

中国企业进行对外直接投资初期的投资方式，主要以"绿地"投资为主。近十年来，企业的投资方式开始转向跨国并购，主要以收购战略资产为主，对高科技领域和国际著名品牌的并购力度日益增大，以此来获取先进技术和品牌知名度，积累全球营销经验，形成新的业务互补关系，提升在全球价值链中的地位。

为了满足企业自身战略发展的需要，突破价值链低端的陷阱，推动中国经济的转型升级，越来越多的中国企业通过跨国并购与国外企业建立联系，达成合作；在互利共赢的前提下，利用国外企业已奠定的高端价值链地位的基础，拓展业务范围，形成全产业供应链。一些中国企业已通过跨国并购的路径逐渐占据了价值链两端的有利位置。

第三节 对外直接投资方式选择的影响因素

一、企业层面

（一）企业的技术水平

一般来说，企业的技术水平越高，越倾向于选择"绿地"投资。而处于技术劣势的企业,则会倾向于通过跨国并购的方式来获得东道国的先进技术。

科技是第一生产力,企业的技术优势是其发展与进步的核心驱动力,同时,也是企业垄断优势的重要来源。如果对外直接投资企业自身具备技术优势,那么,采取"绿地"投资方式在东道国建立新企业后,新企业较东道国其他企业就更具备竞争优势。如果采取跨国并购形式进入东道国市场,除了整合成本,淘汰原有较为落后的技术和设备也会产生成本,被并购企业接受新技术也需要一定的时间和培训费用,这些都无形中增加了企业成本,降低企业投资收益,而"绿地"投资可以避免跨国并购的这类困扰。在这种情况下,具有技术优势的对外直接投资企业更倾向于采用"绿地"投资的方式进入东道国市场。相反,技术水平较低的企业进行对外直接投资,为学习被并购企业的先进技术,更倾向于跨国并购。

(二)企业的跨国经营能力

跨国经营能力对企业进入模式的选择具有重要影响,一般来说,企业跨国经营能力越强,越倾向于选择跨国并购的投资方式。

跨国经营能力是指,企业通过国际市场,在全球范围内配置资源、管理销售网络,以获取最大利润的能力。相对于"绿地"投资来说,跨国并购本身的难点并不在于投资收购本身,而在于并购之后,对于公司管理制度的调整、人员的调配、文化的适应和业务的整合等后期工作。

如果企业没有前期国际化经营的经验,较强的跨国管理能力以及充分的准备,即使能够取得已有的配套基础设施、经营管理方法和营销渠道,并购也超出了企业自身的能力范围,只会加重企业经营的负担,降低企业总体的运营效率。在这样的条件下,企业更适合采用"绿地"投资方式进行对外直接投资。

而对于那些国际化经验较丰富、经营能力较强的企业,它们一一般能够客观地评估东道国企业价值,在并购谈判时掌握更多话语权,在被并购企业原有基础上继续开展经营,更好地应对文化冲击、制度变更和人事调整等问题,尽快熟悉东道国市场,扩展企业的国际化格局。所以,跨国经营能力较强的企业,往往会选择跨国并购的方式进入东道国市场。

二、产业层面

(一) 产业竞争状况

一般来说,产业内竞争越激烈,企业越倾向于采用跨国并购的方式进行对外直接投资。

根据微观经济学理论,东道国目标行业的市场竞争越充分,说明市场已经接近完全竞争的状态。行业内各企业市场势力较弱,垄断程度弱,消费者对价格变化的敏感度很强,各企业利润空间较小,此时产业进入壁垒低,企业倾向于采用跨国并购的投资方式。因为在这种情况下,企业若采用"绿地"投资的方式进入市场,企业的数量增加,生产能力进一步扩大,产量上升,从而使竞争加剧,进一步压缩所有企业的盈利空间。相反,进入壁垒高的产业,供给方的市场势力和垄断程度强,市场竞争不够充分,适合采取"绿地"投资。

(二) 产业需求变化

一般来说,如果产业内的市场需求频繁发生变化,企业更倾向于选择跨国并购的投资方式。

如果企业投资需要流向需求多变的产业,跨国并购使得企业能在原公司的基础上掌握消费者的需求偏好信息,利用原公司的营销渠道,尽快适应市场需求的变化。而如果选择"绿地"投资的方式，就会面临极大的失败风险，企业将由于较长的"绿地"投资建设周期而赶不上需求的变化。相反，如果是需求相对稳定的行业，如能源产业和农业，跨国企业就可以对市场需求做出预判，形成预见机制和计划方案，选择"绿地"投资方式对企业来说更为有利。

三、国家层面

（一）东道国外资准入壁垒

一般来说，当东道国政府通过制定政策限制海外企业的并购时，企业就只能采取"绿地"投资的进入方式；而如果东道国对某些行业设置了特许经营的限制，企业只能通过并购当地企业获得经营资质。东道国的政策导向，显著影响了企业对外直接投资方式的选择。

外资进入壁垒主要包括，政策准入、反垄断和特许经营三方面。第一，东道国较为保守的引资决策和对外资持股的严格约束，会限制跨国并购。一般而言，如果东道国对外资进入从政治上考虑要进行审查，往往会导致项目中止或无法顺利进行。东道国的政策准入对企业的跨国并购有"一票否决"式的影响。此时，企业只能通过"绿地"投资的方式进入东道国市场。第二，当东道国政府制定相关政策限制他国企业在特定产业的跨国并购行为时，跨国并购行为很容易受到反垄断法或贸易保护主义等法规和舆论的攻击。尤其对于那些涉及稀缺资源、核心技术等可能影响国计民生或国家安全的重要行业，东道国往往会设置苛刻的准入条件，并购门槛非常高，企业往往就只能选择通过"绿地"投资的方式进入东道国市场。第三，在电信、石油、铁路等这类特殊行业，东道国出于国家安全和经济战略的考虑，往往需要特定的经营许可权才可以开展企业运营活动，即便是实力非常雄厚的跨国公司也很难在东道国市场上设立一个新的企业,此时,只能采取跨国并购的方式进行对外直接投资。

(二) 东道国金融市场发展水平

一般来说,如果东道国拥有较为成熟、健康的资本市场,中国企业就倾向于采取跨国并购的方式进行对外直接投资。开放和发达的东道国金融市场使母国企业获得更为广阔的筹资渠道和灵活多样的支付方式,这对投资方式选择产生较大的影响。跨国并购投资的支付方式比"绿地"投资复杂,"绿地"投资方式更多地用在金融市场不发达的发展中国家,其优势是能以现有的无形资产或实物资产出资,转移母国国内富余的产能。相比之下,并购的支付手段更多,有五种基本方式,包括杠杆收购、承担债务收购、混合收购、现金(母国企业的自有资金或贷款)收购和股权(以母国企业或其所属企业的股权作为支付)收购。跨国并购不是完全从母国输出资本,而是通过全球金融市场、国际银行、外国政府贷款、在离岸资本市场发行股票和债券等多种渠道融资。所以,在金融市场发展水平较高的东道国,企业会倾向于采用跨国并购的形式进入市场。近年来,随着世界经济疲软状态逐渐恢复,发达国家之间的跨国并购行为迅速增加。这离不开发达国家成熟、稳定的金融市场和多元化的跨国并购融资手段。由此可见,东道国金融市场发展水平对企业选择对外直接投资方式是至关重要的。

(三) 东道国制度环境

一般来说,东道国制度环境越好,并购交易时的交易成本越低,企业越倾向于采用跨国并购的方式投资。

制度环境主要指,一个国家与商业活动相关的法律和规范体系以及社会整体的安定程度。制度环境影响交易成本,从而影响对外直接投资方式选择。当企业进行"绿地"投资时,投资决策的制定相对独立；而跨国并购至少涉及母国和东道国的两家企业，相比绿地投资而言，对东道国的制度环境依赖性更强。如果东道国的规章制度不健全，社会征信体制缺位，导致信息不对称程度高，则母国企业需要在缺乏可靠信息来源和高效率中介机构的情况下与对方公司谈判并做出投资决策，而对方公司履约的信用度也得不到有效保障。这些不利因素都加大了跨国并购的不确定性，大大增加了企业投资的风险。所以，在制度环境较差的东道国，企业会选择"绿地"投资的方式；而制度环境较好的国家，往往都已建立并落实了严格的商业监管体系和风控体系，拥有高效率的律师事务所、会计师事务所、产权交易中介机构，这对于企业并购活动的顺利进行相当重要，会吸引母国企业采用跨国并购的投资方式。

第四节　中国企业对外直接投资方式选择策略

一、关注企业自身特点

企业的技术优势、国际化经营能力都会影响企业对外直接投资的方式选择。选择对外直接投资的方式，需要遵循科学的思路，分析企业的异质性，审时度势，因地制宜，选取最适合企业的投资方式。

（一）综合考虑企业技术水平

一般而言，如果企业是出于寻求技术的动机而进行对外直接投资，且企业自身技术水平相对较低，则大多采用跨国并购的方式。中国企业的技术水平往往与发达国家企业之间存在一定差距，缺乏核心技术优势，此时，为了获取先进技术和创新能力，中国企业应该选择跨国并购的投资方式，学习被并购企业的先进技术，整合优质的资源，才能在国际上建立竞争优势。

如果企业的技术水平较高，一般选择"绿地"投资的方式进行对外直接投资。戴维森和苏瑞（Davidson and Suri，1977）通过分析表明，生产率高、拥有较高技术水平的企业大多数选择"绿地"投资。因为"绿地"投资使企业能更有效地发挥其独有的技术优势，避免并购带来的整合困扰和技术转让成本。

部分中国高科技企业长期以来对技术研究和开发投入了大量人力和资金，申请了一大批新的专利许可，掌握了一些领先的核心科技。这一类企业在进行对外直接投资时，可以考虑采取"绿地"投资的方式，既保护企业的知识产权，又提高对经营利润的控制权，利用自身技术优势获取较高的投资回报。

（二）客观评价企业跨国经营能力

一般来说，如果企业的跨国经营能力较强，应该采用跨国并购的方式进行对外直接投资。安德森和斯文松（Anderson and Svensson，1994）研究认为，跨国经营能力较强的企业，擅长处理并能妥善解决并购整合的复杂问题。跨国并购存在东道国文化冲击、产业情况多变和公司并购整合等困难。所以，只有那些跨国经营能力强的企业才能驾驭跨国并购，真正在跨国并购过程中使企业获利。

中国企业准备开展对外直接投资之前，需要全面评价自身的跨国经营能力。若企业能够充分地在国家之间转移知识与整合资源（Grant，1996），从容地应对国家间文化与组织间文化的差异（David and Singh，1994），以及通过内部化来实现比外部市场更有效的价值转移（Zander and Kogut，1995），就可以采用跨国并购的方式进行海外直接投资。相反，如果企业跨国经营的经验和能力较为欠缺，一般多采用"绿地"投资的方式进行对外直接投资。因为"绿地"投资不会经常受到东道国政策的限制，投资涉及的利益相关方较少，对企业的管理和控制相对容易。目前，在"一带一路"倡议下，国家鼓励企业参与"一带一路"沿线国家的投资建设，由于大多数中小型民营企业缺乏跨国经营的经验，海外投资存在较大的不确定性，可以先通过"绿地"投资熟悉东道国的投资环境，逐步积累国际化运营经验，增强跨国经营能力。

二、洞悉投资产业特点

产业竞争状况和需求变化，都会影响企业对外直接投资的方式选择。如果东道国的目标产业已处于竞争激烈的发展阶段，企业通过"绿地"投资的方式进入东道国市场，相当于增加了企业数量，加剧市场竞争，而且，中国企业此前并不十分了解当地消费者的偏好，很难迅速适应市场。此时，"绿地"投资的风险很高。面对市场集中度低、企业数量众多，市场趋近饱和的产业，中国企业应该选择跨国并购的投资方式，利用被并购企业的经验基础获得市场的一席之地。相反，根据拉里莫（Larimo，2003）的观点，如果目标产业正处在起步阶段，东道国在该产业内的企业数量较少，竞争程度较弱，利润空间和发展潜力都较大，中国企业应该选择"绿地"投资的方式进入市场，建立市场地位，获取更多利润。如一些发展中国家的高科技产业尚未发展成熟，有巨大的市场可供挖掘，中国企业可向这些产业进行"绿地"投资。

另外，如果产业的需求变化较频繁，产品更新换代快，如时尚服装、娱乐业和游戏业，贸然进行"绿地"投资将无法跟上产业需求变化的步伐，容易被市场淘汰。对于这些产业，中国企业应选择跨国并购的方式投资，通过与被并购企业的联系和整合，在瞬息万变的市场中立于不败之地。同时，如果产业的需求是偏刚性的，例如，农业、与消费者生活必需品相关的产业，一般市场需求较大且稳定，中国企业应选择"绿地"投资的方式对这些产业进行投资。

三、充分研究东道国的经济制度环境

东道国外资准入壁垒、金融市场发展水平和制度环境对企业选择对外直接投资方式有较大影响。企业除了要全面意识到自身的优劣势和行业特点之外，还必须尽可能多地掌握东道国的社会经济状况，通过官方的信息、渠道了解被收购的企业或者合作企业，预估风险、权衡利弊之后选择最合适的投资方式。

1. 充分了解东道国政府的引资政策

东道国产业进入壁垒是指，东道国政府对引进外资的态度和导向，而东道国的法律和经营许可法规都对企业的对外直接投资有"一票否决"式的影响。中国企业在对东道国进行先期调研时，要特别关注中国与该国的外交关系、国际政治时局的变化、法律的具体规定和经营许可条件的设置等问题。

2018年3月，中美双方发生贸易摩擦后，美国提出对中国企业到美国的投资审查将更加严格，这是一种警示风险的信号。中国企业未来在考虑对美国投资时，应做好充分的心理准备，拟定多个备选方案。尤其在基础能源等公共品行业投资时，要与东道国政府做好沟通，先预估收益、获取审批，再按照反垄断法、经营许可权等规定妥当选择"绿地"投资或是跨国并购。

2. 深入分析东道国的金融市场与制度环境

人民币国际化的进程加快，中国在全球金融体制中的话语权增强，这都为中国企业开展跨国投资活动提供了许多便利。但企业也需分析东道国的金融市场发展水平，在选择对外直接投资方式时，要全面考虑投资的支付方式和融资风险，金融市场发展水平越高，跨国并购越有利。发达国家的金融市场发展起步早，各项监管措施较为健全,金融危机爆发之后,各国更加重视控制市场风险。所以,投资流向发达国家时,中国企业可以优先选择跨国并购的投资方式。而且,在选择并购时机时,可通过研究市场股价走势,对目标企业进行合理估值,在目标企业价值被市场低估时收购,降低投资成本。当投资流向发展中国家时,由于发展中国家的金融市场发展水平相对较低,中国企业应该对跨国并购持更谨慎的态度,优先考虑"绿地"投资。

诺思(North,1990)认为,东道国的制度环境对中国企业选择对外直接投资方式有至关重要的影响。制度环境越好,企业越倾向于采取跨国并购的方式进入市场。发达经济体社会稳定,安全系数高,注重对知识产权的保护,资本市场发展水平较高,便于跨国并购的顺利进行。由于发达国家有成熟而完善的商业制度,中国企业在对发达经济体进行对外直接投资时,应该选择跨国并购的投资方式。相反,因为经济发展水平低,对外开放起步较晚,发展中国家的制度环境还有待改善,从制度环境的因素考虑,中国企业在对发展中国家进行对外直接投资时,应该选择"绿地"投资的投资方式。

第六章

中国对外直接投资的政策选择

第一节 中国对外直接投资的政策演变

1978年以来，中国对外直接投资的政策经历了一系列演变，由最初的限制性政策向现在的鼓励性政策转变。

一、对外直接投资管理政策的演变

(一) 行政审批体制

中国境外投资管理政策经历了三次变革，由严格的审批制发展到以核准为主、备案为辅再到备案为主、核准为辅。

1. 1978~2003年：实行严格的审批制度

1978年，在改革开放的驱动下，中国企业开始走出国门进行海外经营活动，为了规范企业对外投资活动，政府逐步建立相关的审批流程。由于外汇储备极其有限且企业缺乏国际化的经验，所以，中国当时对于对外直接投资采取了非常严格的审批程序，规定无论以何种方式出资，无论投资额大小，一律报国务院批准；同时，国家对跨国经营主体实行严格限定，只有那些拥有外贸经营权的进出口贸易公司和各省（区、市）的国际经济技术合作公司才能开展对外投资活动。

1983 年，外经贸部经国务院授权正式成为境外投资企业的审批、管理部门，并于 1984 年颁布了《关于在国外和港澳地区举办非贸易性合资经营企业审批权限和原则的通知》，1985 年又颁布了《关于在境外开办非贸易性企业的审批程序和管理办法的试行规定》，[①] 将境外企业纳入正规管理范畴，并对境外投资审批权限进行了划分：外经贸部主要负责投资额在 100 万美元以上的项目和到港澳地区投资设立公司的审批工作；地方省、市级主管部门负责投资额在 100 万美元以下项目的审批工作。同时，地方主管部门可以根据业务发展的需要，在不超过原经营范围内，审批在港澳地区和国外设立子公司、分公司或合资经营企业。1988 年，外经贸部才收回地方的审批权。从这两个文件可以看出，中国对外直接投资政策由以前的个案审批逐步转向规范性审批，这也是中国对外直接投资管理体系的雏形。

这一时期，政府虽然初步设立了一系列对外直接投资政策，但对外直接投资政策尚未成体系，存在审批速度慢、程序复杂等问题。为了规范企业对外直接投资行为，提高对外直接投资效率，加强事前防范管理，1991 年 3 月 5 日，国务院批准通过了《关于加强海外投资项目管理的意见》，指出中国当时不宜大规模开展海外直接投资。《关于加强海外投资项目管理的意见》同时对海外投资项

---

① 陈文静. 中国对外开放三十年回顾. 见中国服务贸易指南网. http：//tradeinservices. mofcom. gov. cn/article/yanjiu/pinglun/200805/19968. html.

目审批程序提出了更为严格的要求，规定中方投资额在 3000 万美元及以上投资项目的项目建议书和可行性研究报告需要经过国家计委会同有关部门初审后报国务院审批方可实行。① 1991 年 8 月，国家计委颁布了《关于编制、审批境外投资项目的项目建议书和可行性研究报告的规定》，对于对外投资的审批细则作了进一步规定，重新确立政府对企业对外直接投资项目可行性的审批权和审批程序。1997 年 5 月颁布的《关于设立境外贸易公司和贸易代表处的暂行规定》指出："企业在境外设立贸易公司，而东道国属于未建交国家或敏感、热点国家和地区的，需要由企业所在省、自治区、直辖市及计划单列市外经贸主管部门或其主管部委转报外经贸部审批。"②

这一时期的对外直接投资由多部门共同管理，在一定程度上避免了企业盲目对外直接投资的冲动。但随着形势的发展，这一体制的弊端逐渐显现，比如，在审批过程中出现了多个部门职能重叠、审批内容互有重复等现象，导致中国企业开展对外直接投资的周期变得冗长，也在一定程度上降低了企业对外部市场的响应速度，制约了中国对外直接投资的发展。

2. 2004～2013 年：区别实行核准制和备案制

2004 年 7 月 16 日，《国务院关于投资体制改革的决定》正式颁布。这一政策的出台代表对境外投资管理制度由审批制向核准制的转变。《国务院关于投资体制改革的决定》规定，不含政府投资的项目一律无须审批，并根据实际情况区别实行核准制和备案制。该决定的主要内容有："一是中方投资额 3000 万美元及以上资源开发类项目和中方投资额 1000 万美元及以上的非资源类境外投资项目需要经过国家发改委核准；二是除上述项目以外的境外投资项目，投资主体是中央企业的，报国家发改委、商务部备案；投资主

---

① 国家计划委员会. 关于加强海外投资项目管理的意见. 1991.
② 对外贸易经济合作部. 关于设立境外贸易公司和贸易代表处的暂行规定. 1997.

体是其他企业的,由地方政府按照有关法规办理核准;三是国内企业对外投资创立除金融企业以外的企业,需要通过商务部核准。"①2004年10月,国家发改委颁布了《境外投资项目核准暂行管理办法》,规定"2亿美元投资额以上的资源开发类项目和5000万美元用汇额以上的非资源类大额用汇项目由国务院核准,3000万至2亿美元投资额的资源开发类项目和1000万至5000万美元用汇额以上的非资源类大额用汇项目由国家发改委核准,3000万美元以下的资源类项目和1000万美元以下的非资源类项目,中央企业不需要核准,只需到国家发改委备案即可,地方企业由省级发改委部门核准"。②

由此可见,《境外投资项目核准暂行管理办法》对企业对外直接投资的审批权限做了一定程度的下放,不过,审批权限的下放是非常有限的,只有中央企业进行额度较小的对外直接投资才不需要核准,只需要备案,拥有较为完整的投资自主权;而地方企业小额度的投资仍需核准,只是核准权限由国家发改委下放到省级发改委。

3. 2014年至今:备案为主,核准为辅

2014年10月6日起,国务院最新修订的《境外投资管理办法》正式实施,规定"企业境外投资涉及敏感国家和地区、敏感行业的,实行核准管理,企业其他情形的对外投资,实行备案管理",③见表6-1。这标志着,商务主管部门对境内企业到境外设立企业的管理正式转变为"备案为主、核准为辅"的模式。2015年5月,国务院颁布《中共中央 国务院关于构建开放型经济新体制的若干意见》,以加快推进境外投资便利化。《中共中央 国务院

---

① 国务院. 国务院关于投资体制改革的决定. 2004.
② 中华人民共和国国家发展和改革委员会. 境外投资项目核准暂行管理办法. 2010.
③ 中华人民共和国商务部.《境外投资管理办法》. 2014.

关于构建开放型经济新体制的若干意见》提出,要进一步放宽境外投资限制,简化对外直接投资管理程序,除少部分有特殊规定的项目外,其余项目一律实行备案制。

表6-1 境外投资项目审核政策比较

内容	1991年《关于编制、审批境外投资项目的项目建议书和可行性研究报告的规定》	2004年《境外投资项目核准暂行管理办法》	2009年《境外投资管理办法》	2014年《境外投资管理办法》
审核制度	审批制	核准制、备案制	全面核准制度	备案为主、核准为辅
审核环节	先审批项目建议书,再审批可行性研究报告	仅核准项目申请报告	企业只需填写并提交《境外投资申请表》,3日内获得《企业境外投资证书》	仅需提供《境外投资备案表》和企业营业执照复印件向商务部或省级商务主管部门申请备案
地方权限	中方投资额100万美元以下,且无需向国家申请资金、境外贷款无须国家担保、没有产品返销需国家平衡的项目	资源类项目中方投资额3000万美元以下的,由省级发展改革部门核准;其他项目如涉及大额用汇,1000万美元以下由省级发展改革部门核准	中方投资额1000万美元及以上、1亿美元以下的境外投资、能源、矿产类境外投资、需在国内招商的境外投资三种情形由省级商务主管部门核准	备案情形:地方企业报所在地省级商务主管部门备案;核准情形:地方企业通过所在地省级商务主管部门向商务部提出申请
国务院主管部委权限	国家计委审批中方投资额3000万美元以下项目	国家发改委核准中方投资额在3000万~2亿美元的资源类项目;其他项目如涉及大额用汇,1000万~5000万美元由国家发改委核准	在未建交国家投资、在特定国家和地区投资、中方投资额1亿美元以上的境外投资、涉及多国(地区)利益以及设立境外特殊目的公司五种情形由商务部核准	仅当企业境外投资涉及敏感国家、地区和敏感行业的,才需报请商务部核准

续表

内容	1991年《关于编制、审批境外投资项目的项目建议书和可行性研究报告的规定》	2004年《境外投资项目核准暂行管理办法》	2009年《境外投资管理办法》	2014年《境外投资管理办法》
批复时间	收到符合要求送审文件起60日内回复或上报国务院	受理项目申请报告之日起20个工作日内完成对项目申请报告的核准，或向国务院提出审核意见	省级商务主管部门于10个工作日内进行初审，同意后报送商务部。商务部于5个工作日内决定是否受理，受理后，于15个工作日内做出是否予以核准的决定	核准情形：中央企业和地方企业的核准分别在20个工作日和30个工作日内作出决定。备案情形：商务部或省级商务主管部门于3个工作日内予以备案并颁发《企业境外投资证书》

资料来源：笔者根据历年中国对外直接投资政策归纳、整理而成。

（二）外汇管理体制

改革开放初期，由于中国外汇储备少，为了保证国际收支平衡，政府采取了严格的外汇管理制度。随着中国对外贸易快速发展，外汇储备增加，外汇政策变得相对宽松，这为中国企业"走出去"提供了坚实的政策基础。外汇管理政策演变共经历了以下几个阶段：

1. 1989~2001年：相对严格的外汇管理体制

党的十一届三中全会以来，中国的外汇储备在相当长的时期内都处于较低水平，制约了国民经济的发展。在这段时期内，对外经贸工作的重点都是扩大出口，为国民经济积累足够的外汇储备。因此，这一时期外汇管理政策较为严格。

最具代表性的政策是由国家外汇管理局在1989年3月6日发

布的《境外投资外汇管理办法》，对于外汇的审查、汇出手续、保证金管理等都作出了详细规定。具体而言，境外投资必须先经国家外汇管理局对外汇的风险和来源进行审查，才可以进入后续有关部门的审批程序。当投资项目获批后，外汇的汇出必须在国家外汇管理局进行登记和办理，并将汇出外汇金额的5%作为利润保证金汇回留存。与此同时，为了防止境外投资收益的挪用和境外留存，该办法规定，必须在当地会计年度终了后的6个月内将收益调回境内。① 除此之外，1990年制定的《境外投资外汇管理办法细则》规定，外汇管理部门会对境外投资外汇风险和外汇资金来源进行审查，要求企业提交外汇资金来源证明。② 出于"吸引外资为主，防止外汇流出"的政策目标，这一阶段，政府对汇率的管理仍然有诸多限制。

2. 2002~2005年：对外直接投资外汇管理体制改革不断推进

在这一时期，由于中国企业"走出去"战略的实施以及"双缺口"现象的消失，对于境外投资的管制力度开始有所减轻。国家外汇管理局宣布自2002年11月15日起取消境外投资汇回利润保证金制度，并于2003年7月将已收取的保证金退回相应的投资主体。2005年5月，试点改革进一步深化，"试点范围由最初的24个省、自治区、直辖市扩展至全国；境外投资的用汇额度由33亿美元增加至50亿美元；试点地区外汇管理部门审查权限由300万美元提高至1000万美元"。③

这一时期，对外直接投资外汇管理体制的改革内容主要是减少了对外投资用汇规模限制，逐步下放了审批权限。

---

① 境外投资外汇管理办法．中华人民共和国国务院公报．1989（4）：145~147.
② 国家外汇管理局官网．http://www.safe.gov.cn/safe/1990/0626/5479.html.
③ 中国商务部官网．http://www.mofcom.gov.cn/aarticle/blg/200506/20050600127422.html.

3. 2006 年至今：对外直接投资外汇管制进一步放松

2006年7月1日起，国家外汇管理局进一步放松对境外直接投资的外汇管制，取消对地方外汇管理部门境外投资购汇的额度核定，宣布境内投资者可通过三种途径获取到境外投资所需要的外汇，包括使用自有外汇、人民币购汇以及国内外汇贷款。境外投资管理法规的权威性自2008年8月《中华人民共和国外汇管理条例》新修订出台后进一步提升，审批程序进一步简化。该条例允许境外主体在境内投资，以及境内主体进行境外证券投资和衍生品交易，并对外提供商业贷款等。2015年3月，《国家外汇管理局发布关于进一步简化和改进直接投资外汇管理政策的通知》正式颁布，宣布将不再进行对外再投资外汇备案以及境外直接投资的外汇年检工作，并简化了对外直接投资项下的外汇登记程序，极大地促进了境内机构在国际舞台上的合作与竞争。

二、对外直接投资鼓励性政策的演变

中国对外直接投资鼓励政策经历了漫长的探索与改革历程，从发展历程来看，对外直接投资鼓励政策由最初以资金支持为主，逐步发展成为以系统性政策支持为主。

（一）1998~2005年：以资金支持为主

改革开放初期，中国对外直接投资还处于逐步成长阶段，因而，中国在这一时期采取的对外直接投资鼓励性政策主要以资金支持为主。1998年以来，国家开发银行与其他国内外机构合资设立了三个产业投资基金，即中瑞合作基金（1998）、中国—东盟中小企业投资基金（2003）和中国—比利时直接股权投资基金（2004）。

2000年以来，中国政府先后推出政府专项基金，以推动对外直接投资的发展，如中小企业"市场开拓专项基金"，这些专项基金能够在一定程度上提升企业"走出去"的积极性。此外，国家还推行了贷款政策和补助政策。一方面，《关于对国家鼓励的境外投资重点项目给予信贷支持的通知》（2004）使得企业能通过"境外投资专项贷款"获得出口信贷优惠汇率；另一方面，《关于实行出口信用保险专项优惠措施支持个体私营等非公有制企业开拓国际市场的通知》（2005）的颁布，也推动了个体私营企业"走出去"的步伐。改革开放初期的对外直接投资鼓励性政策，在一定程度上促进了中国企业进行对外直接投资活动，但这一阶段的基金以及信贷支持的规模较小，且政策性金融机构偏向于大型项目，中小型项目往往得不到足够支持。

（二）2006年至今：政府全方位的支持政策体系

随着"走出去"战略的深入实施，更多不同类型、不同性质的企业开始对外直接投资，这一时期的对外直接投资的鼓励性政策支持体系也更为全面和具体，以适应企业不断发展的对外直接投资需求。

1. 资金支持政策、保险支持政策力度加大

在对外直接投资资金支持政策方面，中国政府加大了资金支持政策的力度。2007年，不仅出台了《关于2006年对外经济技术合作专项资金支持政策有关问题的通知》，还设立了国内第一支专门针对非洲国家的股权投资基金，即中非发展基金。

在对外直接投资保险支持方面，2006年1月发布了《关于进一步加大对境外重点项目金融保险支持力度有关问题的通知》，中国出口信用保险公司和国家开发银行由此共同建立了境外油气、工程承包和矿产资源等项目金融保险支持保障机制，为国家鼓励的重点境外投资项目提供了多方位、深层次的金融保险服务。[①]

2. 鼓励性税收政策不断完善

在这一时期，企业对外直接投资的所得税制度以及对外直接投资运输设备的出口退税政策都得到了进一步完善，推动了国内企业对外直接投资的发展。

《中华人民共和国企业所得税法》自2008年实施起，纳税抵免由原本的直接抵免转为间接抵免，即中国居民企业从外国企业分得的股息、红利等权益性投资收益，包括直接控制所得和间接控制所得，均可以纳入税收抵免的范围。这一规定进一步改善了中国企业海外投资的所得税政策。为促进中国企业开展对外直接投资活动，现行税收法规政策对境外所得采取限额抵免课税制度，国家税务总局出台了一系列税收政策，不断明晰政策规定，优化征管流程。

另外，国家税务总局还制定了一系列出口退税管理制度，促进"走出去"战略的深入发展，主要包括两点：一是分类管理出口退（免）税企业。2015年发布的《国家税务总局关于发布〈出口退（免）税企业分类管理办法〉的公告》和2016年发布的《国家税务总局关于发布修订后的〈出口退（免）税企业分类管理办法〉的公告》规定，对中国"走出去"的企业进行分类管理，主要标准包括纳税信用、税收遵从、内部风险控制等；二是优化出口退税服务。针对出口退（免）税事中、事后缺乏有效管理的问题，国家税务总局于2016年发布了《国家税务总局关于进一步加强出口退（免）税事中事后管理有关问题的公告》，不断完善出口退税政策。

3. 融资渠道积极拓宽

改革初期，中国企业的对外直接投资普遍面临流动资金短缺，

[①] http://www.cccme.org.cn/news/content_240702.aspx.

境内融资受限制,而境外融资成本较高、条件苛刻等问题。为了促进企业"走出去",政府出台了多项金融扶持措施,企业可以获得由政策性金融机构主导的优惠性贷款。

2007年1月,中国人民银行发布的《中国人民银行关于全口径跨境融资宏观审慎管理有关事宜的通知》,进一步降低了对企业和金融机构的跨境融资管制力度,使得实体经济"融资难、融资贵"的困境得以改善;2008年12月,中国银监会发布的《商业银行并购贷款风险管理指引》指出,当国内企业在海外进行资产重组、升级和整合时,符合标准的商业银行需要提供一定的金融支持。

4. 服务支持体系不断优化

在进行对外直接投资过程中,因缺乏对海外市场的充分了解,企业的投资失败率往往较高。为了有效地解决这一问题,中国政府相关部门为对外直接投资企业搜集了大量有利信息,并提供充分的提示和建议。比如,2007年2月发布的《对外投资国别产业导向目录》和2011年8月制定的《对外投资国别产业指引(2011版)》,介绍了中国主要贸易伙伴具有投资潜力的产业,有效地遏制了中国企业的境外盲目投资和恶性竞争,对提高境外投资企业的可持续发展能力具有非常重要的意义。

三、国际投资保护协议

进行对外直接投资时,投资国不仅需要与东道国协作配合,也需要与国际社会进行合作协调。如今,中国积极适应国际形势的新变化,加强与各国合作,并通过多种双边协定促进企业对外直接投资,保护境外企业的合法权益。

（一）双边投资协定

1982年，中国与瑞典签订了第一个双边投资协定。截至2018年1月，中国已与130多个经济体签订双边投资保护协定。[①] 双边投资保护协定为企业"走出去"提供了有力的支持和保障，大大加快企业"走出去"的步伐，有利于中国输出资本，促进国际收支总体平衡。

（二）双边税收协定和避免双重征税协定

双边税收协定是指，两个主权国家所签订的协调相互间税收分配关系的税收协定。截至2017年4月底，中国与54个"一带一路"沿线国家签订了双边税收协定。与此同时，截至2016年底，中国与54个国家签署了避免双重征税协定。[②] 2016年，仅税收协定的利息条款就为中国金融机构减免了278亿元的境外税收。

（三）多边投资担保机构公约

《多边投资担保机构公约（MIGA）》于1985年通过，1988年正式生效，国际上根据该公约建立了多边投资担保机构。签署该公约与设立机构的目的，是为了鼓励资本流向发展中国家，增加东道国与外国投资者之间的熟悉度与信任度，促进成员国之间的国际合作，减少海外投资风险。1988年4月30日，中国成为多边投资担保机构的创始会员国，由此，在更广阔范围内保障了对外直接投资企业的利益。[③]

[①] 中国经济网. http：//intl. ce. cn/specials/zxxx/201603/17/t20160317 _ 9571808. shtml.

[②] 国家发展和改革委员会. 中国对外投资报告（2017年）[M]. 北京：人民出版社，2017.

[③] 莫世健. 国际经济法 [M]. 北京：中国政法大学出版社，2014.

四、境外经贸合作区

在新的国际形势下,中国积极推进境外经贸合作区建设,加强国际经济合作,进而推动对外直接投资的增长。

中国境外经贸合作区包括,加工区、工业园区、科技产业园区等各类经济贸易合作区域。近年来,中国境外经贸合作区发展迅速,截至 2017 年 4 月,中国已在 36 个国家建立了 77 个境外经贸合作区,其中,"一带一路"沿线国家的合作区有 56 个,累计投资 185.5 亿美元,超过 1000 家企业入驻,总产值为 506.9 亿美元,为东道国带来 10.7 亿美元税收收入和 17.7 万个就业岗位,对促进东道国工业化、产业结构转型升级和双边经贸关系的发展发挥了积极作用。①

第二节 中国对外直接投资政策存在的主要问题

改革开放以来,中国企业开始开展对外直接投资活动。为了给对外直接投资企业提供强有力的政策支持与政策保障,政府不断尝试出台适应形势变化的新政策,对外直接投资政策体系不断完善,但仍存在一些问题亟待解决,这些问题主要有三个。

一、投资管理体制问题

(一) 多头审批管理

多头审批管理一直是中国对外直接投资管理制度中存在的一个

---

① 中国企业在 36 个国家在建境外经贸合作区 77 个. 见新华网. http://www.xinhuanet.com/fortune/2017-04/13/c_129532596.htm.

重要问题。目前，中国对外投资管理主要涉及三个部门，即国家发展和改革委员会、商务部和国家外汇管理局。具体来说，国家发改委负责境外投资战略的规划与制定，以及重大外资项目、境外资源开发类项目和大额用汇投资项目的国家拨款。商务部主要负责宏观性的指导对外直接投资工作，拟定对外直接投资的方案政策及相关法规，并对企业对外直接投资项目进行相关审批和监督。而国家外汇管理局主要负责根据相关法律法规核准经常项目外汇收支是否真实、合法，并依法实施外汇监督管理，保证境内外外汇账户的合法性。除此之外，财政部、国有资产监督管理委员会、国家税务总局、人力资源和社会保障部等职能部门，以及各省、自治区、直辖市、计划单列市的商务（外经贸）管理部门等依据中国法律和现行的相关政策，通过行政、经济和法律等手段，对中方在境外投资设立的合资企业、合作企业和独资企业进行管理。

中国企业进行对外直接投资的主管单位是有关部委和各地方政府相关部门，主管单位根据企业所在地区的特点和企业的比较优势，确定该地区企业对外直接投资的重点方向和重点领域。在多头审批管理体制之下，各审批部门在形式上看审批工作各有不同，但是实际上有很多审批内容都是重复的，职能上也互有交叉。这种交叉重叠现象往往会导致中国企业在进行对外直接投资时审批时间过长，降低了企业对外直接投资效率。并且，由于对外直接投资的种类与环节繁多，缺乏专门负责审批协调的部门，多头审批体制容易使企业长期陷于审批状态，问题难以得到解决。

（二）对外直接投资事中、事后监管薄弱

在中国对外直接投资管理体制的改革过程中，一直存在着严重的"重审批、轻监管"问题，政府部门合力监管未有效形成，监管能力和监管水平与企业对外直接投资发展速度存在一定差距。这也间接导致了中国对外直接投资的一系列问题，如企业经营不合法、依靠投资移民及资本外逃等。2003年4月，商务部发布《关于做好2003年对外经济合作企业经营资格年审工作的紧急通知》[①]，通知要求各地重视企业年审工作，对不合格或者没有参加年审的企业收回经营资格证书。然而，有一些对外直接投资企业并不重视商务部的年审通知，导致商务部关于对外直接投资企业的年审有时只能流于形式。为了加强对中国企业对外投资的监管，2018年1月25日，商务部等部门联合发布了《对外投资备案（核准）报告暂行办法》，该办法提出要实现对外直接投资事前、事中、事后全流程的管理，以及按照"鼓励发展＋负面清单"原则开展管理，以解决对外直接投资监管薄弱问题。[②]

（三）资本项目未实现完全可兑换

随着"走出去"战略的深入拓展，中国进出口规模正在逐年扩大，综合国力显著增强，在此过程中，中国人民银行及国家外汇管理局等实务部门在实际工作中积累了大量经验和教训，中国政府也出台了一系列外汇改革政策，以促进中国企业开展对外直接投资活动。但中国外汇市场监管仍存在一些问题，其中，最主要的问题是资本项目未实现完全可兑换。截至2016年，根据国际货币基金组织（IMF）对资本项目管制的40个子项目分类，中国有37个子项目达到了部分可兑换及以上水平，剩余3个子项目为不可兑换子项目，这相对于中国经济发展需要而言仍明显滞后。资本项目不可完全兑换对中国对外直接投资存在较大的消极影响，主要表现在以下两个方面：一是资本项目管制在很大程度上限制了资金的自由流动，使国内金融市场无法与国际金融市场接轨，进而制约了相关法

[①] 见商务部官网. http：//www.mofcom.gov.cn/aarticle/ae/ai/200304/20030400085023.html.

[②] 见商务部官网. http：//ao.mofcom.gov.cn/article/p/201801/20180102704128.shtml.

律法规、信息平台、人才资源等对外直接投资条件的形成，不利于中国建设更为开放、更为完善的对外直接投资环境；二是导致对外汇进行管制的成本过高。随着中国对外开放政策体系的不断完善，政府对资本项目的外汇管制也越来越难，资本项目不能完全兑换导致管制效率不高，这给中国外汇管理带来高昂的成本。

二、制度保障问题

（一）法律法规体系不健全

纵观世界发达投资国家的对外直接投资政策改革与演变，可以发现发达国家普遍更加关注对外直接投资的立法，并且更早建立了系统、完善的对外直接投资法律保障体系。如美国制定的经济合作法、日本的外资法和德国的对外经济法。与之相比，中国的对外直接投资国内立法还不够完善，1985年，中国颁布了第一部关于对外直接投资管理规范的法规，目前对外直接投资的监管与保障还停留在部门规章制度层面，缺乏系统的、既符合国际规范又能结合中国实际情况的法律体系。并且，各部门在实际操作中缺乏有效的规范管理，甚至有的部门规章制度之间存在较大矛盾，这些都大大阻碍了对外直接投资的发展。另外，党的十八届三中全会以来，国家加大鼓励个人投资者到海外开展投资活动，但个人投资者在海外投资过程中涉及的用汇、备案及支持保障服务还缺乏相应的法律条文进行规范并提供支持。

（二）保险制度不健全

中国海外投资保险起步较晚，发展基础较为薄弱。中国海外投资保险业务最早由中国人民保险公司和中国进出口银行办理，2001

年12月，由中国出口信用保险公司①承接了该项业务，并一直独家经营至今。中国海外投资保险在近年来取得了迅速发展，在很多方面都取得了较大进步，主要体现在承保的范围和规模，以及产品服务等方面，但是，在应对海外投资风险尤其是政治风险方面仍存在较大问题。

首先，现行的海外投资保险的承保范围与中国对外直接投资的企业所实际应对的政治风险不完全适配，承保的范围还需要进一步扩大。而且，中国海外投资保险的承保金额占对外直接投资存量的比重与国际上的平均水平相差较大。

其次，随着中国对外直接投资的发展壮大，海外投资保险也在不断更新完善，但是相关部门对于海外投资保险的具体功能以及运作机制等问题认识不足。这导致中国海外投资保险缺乏合理的顶层制度设计，在经济、政治及外交等战略层面上可以发挥的功效较弱。

最后，海外投资保险的产品服务质量有待提升。现有的海外投资保险产品还存在诸多不足。比如，在风险保障和制度设计方面不够全面，在"代位求偿"和资信调查方面的服务水平不够高。

（三）双边投资保护机制、多边投资保护机制不健全

截至2018年1月，中国已与130个经济体签订了双边投资协定。即使部分双边投资协定中专门列有保障对外投资安全的条款，但由于中国对外投资保险制度的不完善，导致这些条款的实际效果大打折扣。中国的多边投资保险机制也存在类似问题，中国虽然是多边投资担保机构（MIGA）的创始成员国及主要出资国之一，但是，MIGA更多地偏向于对流向发展中国家的私人对外直接投资非商业性风险提供担保，使中国的对外直接投资主体较少受到来自

---

① 中国出口信用保险公司，简称中国信保，是中国唯一承办出口信用保险业务的政策性保险公司。

MIGA 的对外投资担保。

三、服务支持体系问题

(一)金融政策的支持力度不足、成本较高

2004年,国家发改委出台了《关于对国家鼓励的境外投资重点项目给予信贷支持有关问题的通知》,该通知规定:"境外投资专项贷款主要用于支持四类境外投资重点项目:能弥补国内资源相对不足的境外资源开发类项目;能带动国内技术、产品、设备等出口和劳务输出的境外生产型项目和基础设施型项目;能利用国际先进技术、管理经验和专业人才的境外研发中心项目;能提高企业国际竞争力、加快开拓国际市场的境外企业收购项目、兼并项目",[①]以上四类项目的专项拨款可以享有进出口银行的相关优惠利率。但是,中国政府可以拨发的境外投资专项贷款有限,对于其他不能满足以上四点的境外投资项目,则无法享受出口信贷优惠利率。同时,申请境外投资专项贷款的项目,需要按照相关规定进行审批。由于中国进出口银行对这些专项贷款审批是独立进行的,审批的手续冗杂,审批时间长,整体成本较高。

(二)财税政策的支持方式单一化、缺乏导向性

中国对外直接投资的财税政策已经做出了相关改进,但是,依然存在一些漏洞。比如,支持方式单一化。中国对"走出去"企业提供的财税政策支持主要有三点,一是对中小企业在进行对外直接投资过程中给予一定的资金支持;二是对企业开展对外直接投资的前期费用进行相应的补助;三是对与中国签订避免双重征税协议国

---

① 国家发展和改革委员会. 关于对国家鼓励的境外投资重点项目给予信贷支持政策的通知.

家的企业按照规定对其缴税进行一定比例的抵免,以及对在对外直接投资中因不可抗力而产生损失的企业,在征税时进行一定比例的减征或者免征。

目前,中国对外直接投资的财税支持政策仅零散地分布在一些法律法规及规章制度中,并没有一套完善的财税支持体系,也没有明确的关于对外直接投资产业及区域的政策指引,且缺乏与其他对外直接投资政策的协调。另外,财税政策支持的形式比较单一,重点偏向于税收抵免、减让等相对直接的税收鼓励方式,但是,对于一些间接的鼓励措施,如加速折旧或者延期纳税等较少采用。财税政策虽然清晰度比较高,但是对于投资规模较大或者投资收益见效慢的项目来说,其鼓励效果相对有限。随着中国对外直接投资的发展,投资方式越来越多元化,财税鼓励政策也应该更多样化。

(三)信息服务不到位、技术援助不足

中国对外直接投资的企业获得信息服务的方式比较单一。一般是依靠驻外领事馆获取东道国的宏观经济信息、市场需求信息以及其他相关法律政策信息。这些信息从有关部委传递到下级有关部门再到地方政府,形成了一个较为封闭的单向渠道。而且,中国目前的信息服务处于相对较低的水准,没有达到国际水平。国外已经开展的信息服务,包括组织投资代表团出访东道国进行考察、对有意愿进行对外直接投资的企业进行统计之后建立数据库、提供东道国某些行业或项目的具体信息为企业对外直接投资牵线搭桥等,而中国在开展以上信息服务方面的力度则较弱。另外,中国尚未形成一个统一收集整理相关信息并提供信息服务的特定机构或组织,导致零散的信息无法整理加工,很多有价值的信息没有进行充分开发。中国在对外直接投资的技术援助方面也有一定的不足,在企业进行对外直接投资的可行性研究、项目的开展以及员工培训等方面缺乏技术援助。信息服务和技术援助的不足,导致中国企业在进行对外直接投资时面临信息、人才缺乏的难题。

第三节　发达国家对外直接投资的政策体系

一、美国对外直接投资的政策体系

美国是最早开展对外直接投资的国家之一，也是成功利用对外直接投资推动国内产业结构调整和优化升级的国家。第二次世界大战结束后，美国进一步强化对外资本输出，不仅奠定了美国在国际贸易中的金融中心地位，并且成为世界排名第一的资本输出大国。为了促进对外直接投资的发展，美国一直致力于对外直接投资政策的改进和优化。这一系列先进的改革经验对促进中国对外直接投资政策改革具有非常重要的借鉴意义，具体表现在以下四点。

（一）对外直接投资的法律政策

"二战"以来，为了鼓励本国企业到海外开展对外直接投资活动，美国政府专门制定了一系列保障本国企业对外直接投资安全和利益的相关法律政策，其中，最重要的有《经济合作法》和《共同安全法》等。1951年颁布的《共同安全法》，一方面，扩大了保险种类，从外汇兑换风险扩大到东道国的征用风险、没收风险等；另一方面，扩大了保险范围，由以往只覆盖发达国家扩大到包括部分发展中国家。另外，美国政府还积极推动与主要贸易伙伴的双边协议谈判及多边协议谈判，为本国企业争取在东道国投资的非歧视待遇和受保护权利。

（二）对外直接投资的金融政策

为解决对外直接投资企业资金周转困难的问题，美国进出口银行（EXIM）和海外私人投资公司（OPIC）为本国企业提供了大量廉价借贷资金。美国进出口银行专为跨国公司设定了两项对外贷款，分别是用于开发某个国家的资源的开发资源贷款，以及针对跨国公司的对外直接投资贷款。海外私人投资公司在发展中国家的直接投资，包括为美国海外私人投资提供政治风险保险、贷款担保、直接贷款等帮助美国企业向海外发展。

此外，为促进中小企业到发展中国家进行投资，1958年美国成立美国的联邦政府小企业管理局（SBA），旨在为小企业提供资金支持、技术援助、紧急救助等全方位、有针对性的专业服务。其中，在资金扶持方面，美国的联邦政府小企业管理局主要为小企业提供贷款担保，并通过小企业投资公司（SBIC）向小企业提供风险投资，以帮助小企业顺利度过资金缺乏的难关。

（三）对外直接投资的税收优惠政策

"二战"后，美国经济实力快速增长，国内市场已经不足以承载高度发展的生产力。为了鼓励本国企业走出国门，美国政府制定了一系列税收优惠政策：一是不分国别的综合限额税收抵免。纳税人根据境外所得所属的不同类别，按不同的税率来抵免境外所得税税款；二是延迟纳税，即允许对外直接投资公司的投资所得延迟缴纳税款，这相当于政府在一定期限内给予纳税人一笔无息贷款；三是亏损结转，即当对外直接投资企业出现经营亏损时，可以利用前3年或后5年的盈利进行抵补，以弥补其境外投资的损失。另外，美国还采取关税优惠政策，飞机部件、内燃机部件等在国外进行加工装配再重新进口到国内市场的零部件可以享受关税减免待遇。

（四）信息咨询与管理培训等服务

在信息服务方面，美国海外私人投资公司为对外直接投资企业提供丰富的前期信息服务，包括发行关于主要贸易伙伴投资环境的刊物以及建立对外投资数据库，并通过设立投资交流项目，组织本国对外直接投资企业到发展中国家进行实地考察，以帮助其更好地了解当地的投资环境；美国的联邦政府小企业管理局通过退休人员组成的服务公司和小企业发展中心为对外直接投资企业提供创业及经营管理等多方面的咨询。

在管理培训方面，美国的联邦政府小企业管理局通过商会、院校和贸易协会等途径经常为小企业提供技术经营管理等方面的培训，并举办讲座和讨论会，以帮助小企业更好、更快地成长。

二、日本对外直接投资的政策体系

日本对外直接投资起步较晚，但发展较为迅速。究其缘由，与日本政府实行的对外直接投资自由化措施、配套的保险和金融等方面的政策是分不开的。"二战"后的前几年，日本企业几乎没有进行海外投资活动。直至1951年，日本企业的对外直接投资活动才开始重新进行，为了保证满足国内经济增长的资源供给，日本的对外直接投资类型主要是资源驱动型对外直接投资。这一阶段，日本企业对外直接投资的规模较小，区域相对集中，总量增长缓慢。为了鼓励企业进行对外直接投资，日本政府开始实施一系列促进对外直接投资的政策，主要表现在以下几个方面。

（一）对外直接投资税收优惠政策

20世纪80年代，日本对外直接投资增长迅猛，从贸易大国变成对外投资大国，这主要归功于日本对外直接投资税收优惠政策的改革。其中，最重要的是，综合限额税收抵免政策和对外直接投资亏损准备金制度。

1962年，日本开始实施海外税收抵免政策，该政策规定，达到规定持股比例的对外直接投资公司可在一定限额内抵免外国所得税，当年在外国的纳税额超出抵免限额时，企业可将其超额部分向前转3年、向后转3年，在同一外国抵免限额内抵免。日本还实行税收饶让制度，将发展中国家为吸引外资而给予的税收减免优惠视为已缴税额，从国内应纳税额中扣除。

不仅如此，日本于1960年推出了海外投资亏损准备金制度，对于企业的海外直接投资、资源开发投资和海外工程承包企业对外直接投资的部分金额可以计入"投资损失准备金"内，该部分无须缴纳企业所得税，当企业投资遭受损失时，可以从"投资损失准备金"中获得补偿。这在很大程度上减轻了对外直接投资企业的税收负担，也减轻了投资亏损对企业的冲击，以提高企业在对外直接投资中的竞争力。

（二）金融支持政策

为解决对外直接投资融资难的问题，"二战"后，日本政府大力发展政策性金融机构。其中，最典型的是日本输出入银行（JEXIM）和日本海外经济协力基金（OECF）。前者为日本对外直接投资企业提供信贷支持，后者在市场合作贷款的原则下对日本企业尤其是日本制造业企业和资源企业的对外直接投资提供金融支持。1999年，两者合并成立日本国际协力银行（JBIC）。JBIC通过合作的东道国本地银行或日本银行在东道国当地的分行，将贷款转移给需要资金支持的日本对外直接投资企业，通过提供长期低息贷款来帮助对外直接投资企业尤其是中小企业顺利开展投资活动。

（三）对外直接投资保险制度

为建立完善的对外直接投资风险防范体系，1950年，日本政府出台了一系列相关政策鼓励支持对外直接投资保险业务的发展，出台了贸易保险制度和贸易保险法，保障对外投资企业在海外的安全及利益。该制度的主要特点是，基于国家输出信用保险制度，采取单边保证机制，以政府财政作为理赔保障。也就是说，无论日本和其他国家是否签订了双边投资协定，只要日本企业海外投资遭遇风险损失，日本政府都会依据国内法给予其补偿，从而大大降低了日本企业海外投资中面临的风险，也极大地鼓励了企业开展对外直接投资活动。

（四）中小企业对外直接投资服务机构

健全的中小企业对外直接投资服务体系在一定程度上助力日本中小企业进行对外直接投资活动。为了促使日本各级行政机关执行中小企业相关的政策制度，帮助中小企业顺利进行海外投资，日本政府通过财政专项拨款，建立了一批官助民办或官办民营的中小企业对外直接投资服务机构。其中，在促进中小企业对外直接投资中起到至关重要作用的是日本贸易振兴机构。

1958年成立的日本贸易振兴机构（JETRO）是吸引外国企业投资的核心机构，通过在全球设立的77家事务所，促进日本进口和对外直接投资的发展。JETRO主要从事的工作有以下三点。

1. 促进外国企业对日本投资

在吸引外商投资方面，日本贸易振兴机构（JETRO）主要通过设立在海外的77家事务所，大力宣传日本国内的商业机会。在不同发展阶段，根据政府的战略安排，着重吸引相关项目资本对日本投资。JETRO对有意向企业提供投资信息与咨询服务，同时，对企业开展投资合作，提供短期免费周转用办公室等具体支持。

2. 重点支持日本中小企业对外直接投资

JETRO专门设立投资商务支持中心，配备经验丰富的人员，接受对外直接投资企业的委托进行市场调查，寻找适合的合作伙伴，并协助办理相关行政审批手续。日本贸易振兴机构与海外日资企业紧密合作，针对对外直接投资企业经常遭受的侵权问题，通过专利法律事务所等机构展开调查，为对外直接投资企业提供知识产权保护。

3. 大力支持中小企业出口贸易

日本贸易振兴机构针对日本国内拥有好产品但缺乏国际市场开拓经验的中小企业，会通过海外事务所有针对性地开展海外市场调查，为企业决策提供翔实的调查报告，并且，会定期组织中小企业到海外考察，参加一些知名贸易博览会寻找合作伙伴等方面提供大力支持。

第四节　完善中国对外直接投资政策体系的对策建议

鉴于美国、日本对外直接投资政策的成熟经验，中国政府也需因地制宜，制定与国内企业对外直接投资情况相适应的对外直接投资总体战略。完善的对外直接投资政策体系可以更好地引导和支持中国企业"走出去"。因此，建立、健全法律法规和经济政策具有重要的意义。

一、建立对外直接投资法律体系

法律体系的建立依赖于相应的法律性文件，而非政策性文件。因此，完善对外直接投资法律体系重点在于制定对外直接投资法、跨国公司法等类似法律法规。而目前国内关于对外直接投资的管理大多是国家发改委和商务部出台的行政管理政策，缺乏严格、有效的法律规制。因此，政府部门应逐步加强对外直接投资的立法工作，做到公开透明，积极引导并保障中国企业对外直接投资活动的有效开展。

二、完善对外直接投资的监管体制

(一) 设立统一独立的管理机构

为了避免出现多头审批、程序繁杂的对外直接投资管理状况，设立一个类似对外直接投资委员会的管理机构进行统一、独立地管理具有重要的意义。该机构应当在宏观层面对全国的对外直接投资活动进行统一领导和协调组织，主要职责应包括以下几个方面：首先，基于对企业优势和国际市场区位优势的全面了解，充分结合中国企业的发展情况，制定完善的战略方针和政策，并指导企业对外直接投资的产业选择和区位选择；其次，加强国家外汇管理局等行政管理机构的组织能力和协作能力，对国内企业对外直接投资活动依法核准并协调银行、驻外使领馆进行监督管理；最后，为国内企业提供有关对外直接投资的信息咨询服务和技术援助服务。

(二) 建立企业违规经营责任追究制度

部分中国企业在"走出去"过程中由于缺乏监管，往往会产生一系列问题。如过度投资、盲目投资、逃避银行债务、非法借贷，等等。为此，政府应建立企业违规经营投资责任追究制度，明确责任追究的范围、标准、程序和方式，以法律法规的形式约束企业的对外直接投资行为，以进一步提升企业进行对外直接投资的质量，减少高风险案例的发生率。同时，政府应制定相应的政策措施加强外部监管，建立一个公平、理性的竞争性市场。

三、健全对外直接投资的保障制度

(一) 完善对外直接投资的双边保障体系和多边保障体系

中国最初签订的双边协定和多边协定大多是从资本输入国的角度出发，缔结的协定内容较为保守与谨慎，提供的投资保护程度相对较低。随着对外直接投资规模的迅速增长，中国不仅成为世界主要资本输入国，而且是重要的资本输出国。因此，在加强对外直接投资国际合作方面，中国一方面，需要积极与发展中国家签订和履行双边协定、多边协定和避免双重税收协定；另一方面，应当有意识地在合作协议中订立关于促进和保护中国企业对外直接投资的条款。内容主要包括：主张中国企业应该与东道国本土企业拥有同样的待遇，不能在待遇上对中国企业有所歧视；在受到政治动乱、恐怖袭击等突发事件而遭受损失时，中国企业有权获得相应的补偿；避免对中国企业资本金和利润汇出东道国采取严格限制等，从而为中国企业对外直接投资创造更好的安全保障。

(二) 完善对外直接投资保险体系

政府可以针对中国企业对外直接投资过程中面临的不同风险，有针对性地制定强制与自愿相结合的保险政策，并提供一定的资金支持。一方面，政府必须要求对外直接投资企业针对战争及政治暴乱、征收、汇兑限制三类政治风险进行对外直接投资保险的投保，同时，国家应当给予一定的保费资金支持，尤其是在部分政治风险高发国家，以及境外能源、资源、农业等重点行业；另一方面，对于涉及国家政治、经济、外交等具有重大战略意义的境外投资项目，需要设立专项政治风险保障资金并实行自行投保制度，以提高对外直接投资企业应对政治风险的能力。

四、完善对外直接投资的支持体系和服务体系

（一）完善金融支持政策

在对外直接投资金融支持方面，虽然中国已出台了很多规定和政策，但目前的金融政策制度有待进一步完善，同时，需要强化政策措施的合理性和适用性。为了加大对企业"走出去"的金融支持力度，政府可以考虑从以下三方面着手：首先，加大国内金融体制改革的开放力度，重视发挥商业银行的作用，制定相关金融政策，鼓励银企合作，增大对企业"走出去"的信贷额度；其次，完善国内资本市场体系，加强其与国际资本市场的联系，帮助企业发掘更多对外直接投资的直接融资渠道，降低贷款担保限制水平；最后，建立更多的"走出去"政策性基金，尤其是针对"一带一路"沿线国家所设立的政策性基金，实现包含政策性基金等的资金支持，为企业更好地"走出去"提供保障。

（二）完善税收抵免政策

中国现行境外所得税收抵免政策对于鼓励中国企业对外直接投资活动起到了积极作用，但在中国对外直接投资规模逐渐扩大以及"一带一路"倡议日益深化的背景下，为了适应国内新的发展趋势，中国政府可以从以下两点完善税收抵免政策：一方面，企业在多个国家和地区投资所获得的抵免限额应当可以调剂使用，即在低税国和高税国的抵免税额可以相互调剂，从而解决企业抵免不充分的问题；另一方面，需要增加抵免层级。鉴于企业需在境外设立多个公

司以获取包括境外资源、市场和技术在内的关键投资要素，国内税收抵免层级也应适应企业需求而增加。此外，还应设立重点企业名录。在企业"走出去"的3~5年内给予所得税减免优惠，能够使企业有足够的利润充实资本金，尤其是针对某些推动短缺资源开发利用以及促进产能转移的技术性项目。

（三）完善信息咨询政策和技术援助政策

虽然中国早在2000年就开始专门为中国企业进行对外直接投资提供一系列信息服务，以期帮助中国企业更加清晰地了解东道国的投资环境，包括2000年的《中国境外领事保护和服务指南》、2006年的《国家风险分析报告》，等等，但这些信息的时效性、准确性以及针对性难以确保，不能在中国企业进行境外投资时给予及时的信息指导，因此，中国相关部门应在现有基础上从以下几点加强对企业的信息支持：首先，收集并整理对各国投资的基本情况并建立"走出去"数据库，提高相关信息的权威性、及时性和准确性；其次，最大化地公开有效信息，除国家机密和企业商业机密之外的其他信息应及时公开，帮助企业更好地了解对外直接投资情况；最后，建立海外突发安全信息预警机制。针对一些政权动荡、地缘政治冲突、恐怖袭击和治安犯罪等容易突发的国家，尤其是发展中国家，政府部门应加强对当地社会情况的关注，及时掌握可能对中国企业员工人身安全和财产安全造成威胁的因素，并对此进行相关评估之后第一时间通报当地中国企业，尽可能帮助企业规避东道国的政治风险及社会风险。

第七章

中国企业对外直接投资的风险与防范

第一节 中国企业对外直接投资的主要风险

随着对外直接投资的高速发展，中国目前已成为世界第二大对外直接投资国，仅次于美国。2016年，中国对外直接投资规模再创新高的同时，中国企业在海外面临的投资风险也越来越多。根据中国全球投资追踪数据库（CGIT）统计，2006~2014年，中国超过1亿美元以上规模的对外直接投资一共有694起，其中，问题投资[①]共发生了144起，平均每年约16起，问题投资发生率高达21%。由此可见，中国企业对外直接投资正面临着较大的风险，具体而言，主要包括政治、经济和外交等传统型风险，也包括环境、

---

① 问题投资是指，签署投资协议后，因各种风险而无法正常进行的交易。

社会和治理等非传统型风险。

一、政治风险已成为中国部分企业对外直接投资面临的重要风险

政治风险是国家风险中最重要的一类风险。斯特芬·H.罗伯克（Stenfan H. Robock）在其发表的一篇论文《政治风险：识别与评估》中，将政治风险定义为："东道国政府主权行为导致外国企业价值减少的随时可能发生的潜在可能性。"其主要内容包括，东道国政策和法律的重大变化、政权的更迭、社会政治动荡、外部武装冲突、内部动乱、战争威胁、民族主义浪潮、暴力事件、游行、示威、罢工、民族偏见和贸易保护主义等。由于政治风险属于非市场性的不确定性因素，一旦发生，将会直接影响对外直接投资企业的战略目标及其国际化运营活动。根据中国与全球化智库的分析报告：近十年间，我国海外投资的失败案例数量日益增多，其中，因为政治风险导致对外投资失败的案例数居然高达25%，这些案例中有17%是中国海外投资遭遇到了东道国的政治动荡、政权更迭等而遭受巨大损失，还有8%的海外投资案例是由于东道国政治派系力量的阻挠而导致海外投资失败。[①] 目前，中国对外直接投资面临的政治风险主要表现在以下四个方面。

（一）部分东道国政局不稳以及战乱频发

中国对外直接投资的地区分布包括东南亚、非洲和中东等发展中国家和地区。由于历史和政治的原因，有些国家和地区经常发生政权更迭和社会动荡，社会各阶层的利益冲突、民族纠纷等问题激发的矛盾往往会引发局部战争，从而给外国投资者造成直接或间接

[①] 王辉耀，孙玉红，苗绿. 中国企业全球化报告（2015）[M]. 北京：社会科学文献出版社，2015.

的损失。另外，中国企业不断加大对中东、非洲和南美洲等地区的投资，一些国家由于政治风险非常高，一旦爆发战争和政治内乱，中国企业的对外直接投资项目就面临着随时被迫中途下马的危险，难以维持正常的生产活动和经营活动。

(二) 部分东道国存在恐怖主义袭击风险

自 2013 年以来，在恐怖主义活跃的地区，极端主义、恐怖主义与地缘政治因素相结合，加大了当地武装冲突的复杂性和解决难度，其外溢效应成为影响全球安全和稳定的重要因素。

(三) 部分东道国存在安全审查风险

近年来，中国企业在西方国家的跨国并购项目受到更严格的国家安全审查，很多跨国并购活动因此频频遇阻甚至被迫叫停。随着贸易保护主义的日益加重，从某种意义上说，东道国的"国家安全审查"客观上已限制了外国投资。

国家安全审查是指，一国政府为了对外国资本进行有效的监督管理，由相关部门对跨境交易中可能威胁到国家安全的因素进行审查，进而决定外资能否进入。

中国企业在进行对外直接投资时，通常会遭遇到欧美等发达国家政府和社会对于中国社会制度的政治敌视、对中国投资动机的猜忌以及东道国利益集团的排斥，这三者都大大阻碍了中国企业跨国并购项目的实施。[①] 目前，已有多起中资企业收购美国公司的交易未能获得美国外国投资委员会（CFIUS）的批准。据统计，2012～2014 年，中国企业遭遇美国外国投资委员会审查的案件数量连续

[①] 太平，李娇. 开放型经济新体制下中国对外直接投资风险防范体系构建 [J]. 亚太经济，2015（4）：122～127.

第七章　中国企业对外直接投资的风险与防范

三年居于美国外国投资委员会审查各国案件数量的第一位。[①]

国家安全审查既给中国企业对外直接投资设置了较高的壁垒，也会增加中国企业跨国并购的经济成本。由于针对中国企业的国家安全审查越来越多，为了防止并购产生的风险，外国合作方一般会要求中国企业承担昂贵的"分手费"，一旦并购因为国家安全审查没有通过，中方必须缴纳"分手费"给对方。同时，为了确保自身利益，外方一般还会要求中方为"分手费"提供银行保函或现金保证。随着美国、欧盟、澳大利亚等发达国家投资安全审查不断升级，中国企业的对外直接投资风险无疑会大大增加。

（四）东道国政策风险

政策风险是指，东道国关于外资的政策产生变化，导致对外投资企业遭遇困境。[②] 通常，东道国政策频繁、无规则的变动往往会恶化投资环境，损害投资国的投资利益。根据中国与全球化智库对120个失败样本的统计分析，在2005~2015年，中国企业对外直接投资覆盖的186个国家和地区，泰国、俄罗斯、委内瑞拉、赞比亚、纳米比亚、南非以及卢旺达等十几个国家有关外国投资的政策都发生了重大变化，这给中国对外直接投资带来极大的不确定性。[③]

二、中国企业对外直接投资合规风险呈上升趋势

随着中国企业"走出去"数量的增加，所面临的海外经营合规风险呈现上升趋势，从世界银行的黑名单中可以发现，被列入的中

[①] 吕立山. 国际并购游戏规则：如何提高中国"走出去"企业成功率[M]. 北京：机械工业出版社，2017.

[②] 王辉耀，孙玉红，苗绿. 中国企业全球化报告（2015）[M]. 北京：社会科学文献出版社，2015.

[③] 中国与全球化智库. http://www.ccg.org.cn/.

国企业和个人在逐年增加。2009年1月至2016年8月，中国企业和个人被世界银行处罚的案例共有59起，这些企业和个人在处罚期限内被禁止承接世界银行资助的项目。因此，合规经营已成为中国企业对外直接投资必须面对的首要问题。

合规风险是指，企业因没有遵循法律、法规和准则而可能遭受法律制裁、监管处罚、重大财务损失和声誉损失的风险。其包含三层含义：一是遵守法规，包括国际规则，以及母国和东道国双方的法律法规；二是遵守规章制度，包括企业自己建立的各项规章制度；三是遵守规范，主要是指企业的职业操守和道德规范。

目前，中国企业所面临的合规风险，主要来源于以下两方面。

（一）商业腐败风险

目前，联合国等国际组织和一些发达国家不断加大反腐力度，出台了一系列法律文件以遏制商业腐败行为。例如，美国1977年推出了《反海外腐败法》，要求企业在海外投资时不得行贿，不准采取违反规则的竞标。经济合作与发展组织（OECD）也积极推动建立跨国公司行为规范，其制定的《OECD跨国公司行为准则》中明确了打击跨国企业贿赂方面的规定。2005年，《联合国反腐败公约》正式生效，2005年中国加入该公约。为了与该公约接轨，中国多次对《中华人民共和国刑事诉讼法》作出修订。2011年颁布的《中华人民共和国刑事诉讼法修正案（八）》新增了"对外国公职人员、国际组织官员行贿罪"，拉开了中国反海外贿赂的序幕。发达国家一般对海外腐败处罚力度较大，极大地震慑了企业违规行为。为中国企业对外直接投资敲响了警钟，遏制商业腐败和强化合规管理、建设企业诚信体系已成为国际直接投资发展的潮流。

（二）知识产权方面的法律风险

在中国企业对外直接投资过程中，知识产权是非常重要的无形资产，更是开拓海外市场的核心竞争力。企业的品牌、专利、商业秘密、版权等都是企业赖以生存、长远发展、走向国际市场的基础。与此同时，中国企业也必将面临海外陌生知识产权法律环境带来的风险。如果不给予足够重视，这些知识产权法律风险同样会给企业的海外发展埋下重大隐患，甚至可能给企业带来致命打击。

知识产权法律风险主要是指，违反东道国参与制定的国际公约以及东道国知识产权的保护范围、权限和审查标准、程序等方面的法律法规。目前，中国企业遭遇知识产权法律风险主要表现在两方面。

一是中国企业在海外知识产权的保护力度不足。主要表现在中国企业在海外申请专利的数量偏少以及知名品牌对海外注册的重视不够。正是由于中国企业对知识产权保护意识普遍比较淡薄，中国企业在进行对外直接投资时屡屡出现商标在海外被抢注的情况，最终导致这些企业计划进入其他国家市场时，需要通过漫长的司法程序或向商标注册者缴纳高额商标使用费的方式重新获得商标，这大大增加了商品的成本。

二是中国企业对外直接投资频繁遭遇国外企业的知识产权侵权诉讼。西方国家由于法治化程度较高，企业的法律意识也更为突出，从而在其与中国企业展开角逐时总会伺机以知识产权保护法为武器与中国企业展开较量。知识产权纠纷，在中国企业对外直接投资过程中一直时有发生，因此，企业应当做好相关风险的规避，提前做好知识产权布局，加大知识产权保护。

三、环境风险对中国企业对外直接投资安全构成重大威胁

随着世界环保形势和人类认知的改变，环境风险在国家风险各要素中所占的权重不断提升。现阶段，中国正处于对外直接投资的快速扩张期，一大批资本充裕、技术实力雄厚的企业走出国门，布

局全球市场。然而,在实践中,却有许多中国企业在东道国遭遇环境风险导致损失惨重。

环境风险是指,跨国企业在东道国投资经营过程中,因环境保护问题,遭遇东道国政府的环境规制以及其他相关的衍生风险,给企业经营造成严重损失。[①] 中国企业对外直接投资环境风险频发的主要原因有以下几点。

一是企业环保意识淡薄。中国部分企业对外直接投资时由于自身环保意识不强,缺乏社会责任感,在国外的分支机构中既没有建立相应的环境管理制度,也没有设立相应的环境管理部门,从而导致项目一旦碰到环境问题就难以顺利开展投资活动。

二是政府监管力度不大。2013年,中国商务部制定了《对外投资合作环境保护指南》,主要用于规范中国企业对外直接投资时应该注意采用的环境保护行为,但由于该文件不具有强制性,所以,对于对外直接投资企业违反环境保护等行为的监管力度较弱。

三是投资行业和投资地区极易引发环境风险。首先,从我国对外直接投资的产业分布来看,中国对外直接投资具有较强的资源导向性,主要集中在采矿业、制造业、伐木业等污染密集型产业。由于这些产业的投资非常容易引发环境问题,往往会遭到东道国政府采取环境规制措施,给企业带来巨大风险。其次,从投资地区分布来看,中国企业近年来对外投资的区位主要分布在亚洲、拉丁美洲、非洲和大洋洲等地区。这些地区中大部分为发展中国家,一些国家的生态环境比较脆弱,环境保护能力欠缺,从而容易产生环境问题。另外,很多发展中国家还处于环境法律和监管体系的探索完善阶段,存在监管不力、执法不严等问题,导致一些环境问题在投资进入阶段没有被充分认识,经过一段时期运营后,矛盾逐渐显现,这个阶段环境问题往往已经处于比较严重的状态。

---

① 中债资信评估有限责任公司等. 中国对外直接投资与国家风险报告(2017)[M]. 北京:社会科学文献出版社,2017.

四、劳工风险对于对外直接投资的影响日益显著

近年来,中国企业在对外直接投资中曾多次遭遇劳资纠纷问题。由于不同国家的劳工政策、法律存在较大差异,而企业一般较少对东道国的这些政策法规进行深入研究,也缺乏相应的经验。因此,一旦遇到此类问题,企业往往无法采取合适的应对措施,从而导致遭受重大损失。根据中国与全球化智库对中国企业"走出去"的 120 个失败样本案例分析,有近 35% 的企业遭遇了劳工问题,12% 的企业因劳工问题而导致损失。[①] 一般,对外直接投资企业遭遇劳工风险主要表现在以下两方面。

(一)用工制度

在用工制度上,东道国对于员工的雇用方式、保险和福利、工作时间、最低工资标准、加班制度等方面都有相应要求。泰国的《劳工保护法》规定,雇主须向雇工公布正常工作时间,列明雇工的每天上班时间和下班时间,按照法律规定不超出该类工作的工作时间,基本上每天工作应不超过 8 个工时,每周累计不应超过 48 个工时。[②] 此外,该法还明确了泰国劳工的法定工作时间、休假制度和超过最高工作时间,企业必须付给雇员补偿金,以及补偿金的支付标准等。这些因素都影响对外直接投资时人工成本的测算。

(三)解雇裁员

世界各国在裁员问题上看法各不相同,导致各国对于劳工解除

[①] 王辉耀,孙玉红,苗绿. 中国企业全球化报告(2014)[M]. 北京:社会科学文献出版社,2014.

[②] 商务部官网. http://th.mofcom.gov.cn/article/ddfg/qita/201806/20180602755069.shtml.

及裁员的条件、程序和经济补偿的内容差异较大。有些国家对于解雇的法律要求较为宽松，如美国、巴西等实行自由雇用制，而印度、澳大利亚、赞比亚等国对于解雇则有更为严格的规定。企业如果不了解当地劳工政策和相关法律，在裁员问题上没有采取妥善的处理措施，往往会面临高昂的企业裁员成本。

第二节　中国企业对外直接投资的风险防范

随着中国企业对外直接投资的迅速发展，其面临的投资风险日益凸显。在很多情形之下，企业跨国经营过程中所面临的政治风险、法律风险、劳工风险、环境风险等是相互联系、相互作用的，对企业带来极大危害。因此，中国企业在跨国经营过程中必须大幅提升风险管理与防范意识，构建系统、全面的风险防控体系，以尽可能降低风险事件发生的概率，促进中国企业对外直接投资持续、稳健发展。具体来说，中国企业应该重点从以下四个方面提升对外投资风险防范能力。

一、不断完善对外直接投资风险防范机制

（一）健全风险信息收集机制、传递机制与处理机制

企业对风险信息的有效获取，关系到对外直接投资风险预警机制能否有效运行，因此，企业应该健全风险信息的收集机制、传递机制与处理机制。该机制应具备以下两个条件：第一，风险信息真实可靠。企业只有在确保风险信息来源权威的基础上，才能够对于对外直接投资风险做出恰当的评估。企业应当充分收集政府投资主管部门公布的国别投资环境评估报告，以及专业服务机构、境外商

会、各类行业协会等公共信息平台所提供的风险信息，提高及时获取对外直接投资风险信息的能力。第二，对外直接投资风险信息传递渠道畅通。企业在收集风险信息后，需要对其进行传递和处理以启动预警机制，包括原始资料和警情预报的传递和处理。企业应当熟练运用计算机网络技术来进行风险监测、数据记录与处理，保证风险信息传递的速度与质量。

（二）建立合理的风险评估预警体系

中国企业针对对外直接投资风险的规避策略，应该以事前防范为主、事后补救为辅，构建科学、合理的风险评估预警体系，这是防范对外直接投资风险的有效措施。风险评估预警体系的构建应该注重以下三个方面的问题：首先，企业要建立专门的风险评估与预警管理部门，负责对国外重大利益相关方进行实时跟踪，并在此基础上进行评估和预测，建立投资风险预警机制。其次，企业风险识别和评估要以客观性与最大相关性为原则。客观性原则一方面，是指企业要以科学的方法和技术整合风险信息，以客观、权威的风险信息为企业最直接、最重要的决策依据；另一方面，是指风险评估应该采用客观的深度量化分析方法，避免风险程度衡量的主观随意性。最大相关性原则是指，企业在进行对外直接投资风险评估时，要细致分析各类风险发生的概率，以及对企业的危害程度，识别出与企业对外直接投资相关性较大的风险，进而对这些风险进行重点监控与重点预防。最后，企业需要强化风险预警反馈机制，并对直接投资风险预警指标体系进行动态调整。企业在获取风险预警情报后，应采取相应的风险管理措施，并将这些风险管理措施的实施效果及时反馈到风险预警指标体系，根据实施效果的量化统计与经验积累，对风险预警指标体系进行适当调整，从而提高风险预警的有效性。

(三) 有效利用双边投资协定和多边投资担保机构

中国企业在对外直接投资过程中遭遇政治风险、法律风险等非商业风险时，由于这些风险通常影响范围较大，企业很难依靠自身力量进行抵御，此时，对于企业来说，更为有效的风险应对途径是寻求国际层面的救济，特别是双边投资协定（BIT）和《多边投资担保机构公约》（MIGA 公约）。

双边投资协定（BIT）是两个国家（地区）间为促进和保护投资所签订的一种双边协定，是国际上最重要的投资保护工具与投资促进工具。目前，中国已经与 130 多个经济体签订了投资协定，[①]但是，中国企业在对外直接投资时普遍不善于利用这些协定为自身提供保障，导致中国企业在对外直接投资面临风险或者争端时得不到有效救济。中国对外直接投资企业应该改变这种被动局面，增强主动性与保护自身权益的意识。首先，中国企业应该熟悉中国与东道国之间的双边投资协定条文，并且，据此在谈判过程中向东道国表明它应尽的法律义务；其次，企业可以利用双边投资协定防范东道国没收风险或者国有化等风险；最后，企业要善于利用该协定解决国际投资争端和冲突，并寻求相应的损失赔偿。

多边投资担保机构（MIGA）的宗旨是向投资者和贷款者提供政治风险担保，中国已是《多边投资担保机构公约》的成员国，中国对外直接投资企业可以充分利用其项下的投资保险，作为中国国内对外直接投资保险制度的补充。企业应当熟知该保险的程序和投保要求，善于利用《多边投资担保机构公约》规避投资风险，提升企业对外直接投资活动的安全系数。除了保险之外，中国企业还可以有效地利用 MIGA 调解投资争端、提供投资项目对东道国环境和社会影响的专业评估、提供关于发展中国家投资机会及发展条件的

---

① 资料来源：中国商务部网站．http：//www.mofcom.gov.cn/．

信息服务等功能。另外,MIGA 的宗旨是,促进外国资本流向发展中国家。因此,只有向发展中国家会员国的跨国投资,才有资格向多边投资担保机构申请投保。[①] 因此,我国在与尚未签订双边投资协定的发展中国家进行对外直接投资时,应该尤其重视运用该公约所设立的规则,作为双边投资争端协调的保障。

二、强化合规经营

合规风险是中国企业对外直接投资所面临的最重要的非商业风险。目前,中国对外直接投资企业面临的合规风险呈上升趋势,这显然不利于中国企业在海外的可持续发展。因此,中国进行对外直接投资的企业应该高度重视合规风险,加强合规经营意识,并从以下几个方面优化相应的合规风险防范措施。

(一) 重视企业合规经营的重要意义

中国部分企业对外直接投资面临的合规风险的一大重要原因在于,一些企业缺乏合规经营意识,没有充分认识到合规经营对企业在海外生存、发展的重要意义。企业树立合规经营意识要认识到以下三个事实:首先,合规正成为引领跨国公司竞争的新规则。当今时代的全球跨国公司除了通过在全世界范围内布局其价值链、整合全球优势资源来获取竞争优势以外,更加注重提高企业的竞争软实力,建立以企业社会责任与合规经营为导向的现代商业文明意识也更加强烈。因此,面对全球跨国公司合规经营的潮流,一些中国企业需要进一步加强合规经营意识,规范自身经营行为,形成企业合规文化,这样才能在企业全球化发展中获得竞争优势。其次,获得当地合法性,是企业跨国经营的必要前提。一些原本存在合规性问

---

① 莫世健. 国际经济法 [M]. 北京:中国政法大学出版社,2014.

题的中国对外直接投资企业,在东道国要通过合规经营获得合法性之后,才会获得东道国政府、非政府组织、工会、媒体等的信任,从而在东道国获得立足之地,并取得长远发展。最后,合规经营能够有效地提升中国企业形象。中国企业对外直接投资不仅需要关注自身的发展,通过合规经营在东道国树立良好的企业形象,更要有大局意识和整体意识,认识到企业形象既代表着国家形象,又服务于中国对外开放与和平发展。

(二) 健全企业合规管理体系

1. 深入研究评估企业合规风险

中国对外直接投资企业应该对跨国经营中合规风险大的地区、业务领域、业务部门和业务环节进行深入调查研究。一般来说,合规风险较大的地区,主要是存在地缘政治冲突的地区和腐败高发地区;合规风险较大的业务领域,主要是与政府审批监管密切相关的业务领域;合规风险较大的业务部门,包括财务、销售、采购等部门;合规风险较大的业务环节,包括礼品、招待、慈善捐助等环节。在对这些业务进行调查研究的基础上,企业可以对合规风险进行系统、全面的识别与评估,进而发现其存在的合规问题以及潜在的合规风险。

2. 建立健全合规运行机制

在对企业的合规风险进行评估之后,企业应该以风险防范为导向,建立完善的合规运行机制,包括建立合规制度体系、明确合规管理职责、重视合规监控与评价。合规制度体系的建立是合规管理机制运行的重要保障,该制度体系包括全面的培训机制、严格的考核机制、通畅的举报机制和有效的查处机制。[1] 另外,在合规制度

---

[1] 王辉耀,苗绿. 中国企业全球化报告 (2017) [M]. 北京:社会科学文献出版社,2017.

体系中，企业领导层以身作则是企业合规经营的重要推动力量。明确合规管理职责是指，企业需要专门设置合规管理部门，该部门在确保权责清晰的同时，还要与其他风险控制、监察、审计等部门进行协调合作，发挥其事前防范的功能。合规监控与评价有助于企业持续推进合规经营，企业应该对合规管理的效果进行评价并不断改进、优化合规管理目标与制度体系，促进合规管理体系螺旋式上升。

（三）增强法律意识，做好审慎调查工作

首先，企业应当增强法律服务应用意识，让律师或者法务人员参与到修订买卖双方交易合同、企业制度化运作、员工法律意识培训等环节中，帮助企业合规合法生产经营，规避合规风险。其次，企业应当对海外经营项目和交易对象进行审慎调查，尤其是要深入研究当地工资水平、税收政策等方面的法律法规，防范收购资产合法性、权属、债务、诉讼等纠纷的产生。最后，企业应该关注、跟进全球监管公告信息，规范自身经营行为，同时，重视谈判签约规范化，避免留下违约隐患。

三、积极履行企业社会责任

海外投资企业积极承担社会责任，是企业获得经营合法性、提升竞争软实力、树立企业良好形象的重要途径。因为部分中国企业对外直接投资中存在一些社会责任相关问题，我们对于中国对外直接投资企业社会责任的履行标准建议如下，以有效防范和控制环境风险、劳工风险等非商业风险。

第一，将企业社会责任内化为企业价值观与行为准则。中国企业在对外直接投资时，要在充分理解企业社会责任含义的基础上适应、践行这些理念，将其内化为企业的行为准则与价值观。企业应该重视东道国经济的发展，提高投资项目对当地经济增长的贡

献；多雇用当地人才，加快人才培养，帮助缓解东道国就业压力；远离腐败和商业贿赂，诚信经营，积极妥善处理纠纷事件；认真解决员工薪酬待遇、工作环境、工作时长等劳工问题；注重碳排放、气候变暖等资源环境问题，积极探索可持续发展的商业模式。第二，确立企业社会责任履行的量化指标。企业可将履行社会责任工作分解为经济、环境、产品责任、劳动关系、人权、社会等方面的量化指标，[①]并在企业生产经营过程中、员工行为中落实这些指标，形成指标化的可持续发展管理体系。第三，中国企业应当将企业社会责任全面纳入企业风险管理体系，并用明确的量化指标和完善的信息系统支持企业社会责任风险的评估、监控与应对。

在如今环保理念盛行的背景之下，中国企业尤其要注重履行环境责任。随着东道国对外国企业履行环境责任的要求越来越高，环境风险也以不同的表现形式贯穿于中国企业跨国经营的整个过程中。为了有效防范环境风险，企业需要加强以下三方面的工作：第一，重视和遵守当地环境法律法规。中国对外直接投资企业应当深入研究东道国的环境法、东道国自然资源保护法、环境污染防治法、环境诉讼法，与环保相关的政府法令、行政法规、部门规章、会议决议，监管制度实施形式，适用的双边投资协定和国际公约等方面的内容，并在充分认知的基础上重视和遵守这些环境法律法规。第二，完善环保管理制度体系。中国企业应该建立与东道国环境法律法规、国际标准相符的环保管理体系，在企业生产经营管理活动的每一个环节深入贯彻环保意识，加强对投资项目全过程的环保控制，根据其具体投资领域制定完善的环境保护措施、环境风险评估体系和科学的应急处理措施，有效地减少环境风险隐患。第三，加强与中国的国家级风险研究机构的信息合作。环境风险通常不是直接引发的，在更多的情况下是政治、经济、法律和文化等主

---

① 查道炯，李福胜，蒋姮. 中国境外投资环境与社会风险案例研究［M］. 北京：北京大学出版社，2014.

要风险要素的最终表现形式。因此，企业在研究环境风险时需要结合其他风险要素，才能作出科学的分析与预测。由于企业单凭自身收集众多风险信息的能力是有限的，企业应该加强与中国的国家级风险研究机构的信息共享与合作，使企业与研究机构实现风险信息的有效交流和对接，进而形成系统全面的风险信息系统，有助于企业作出准确及时、针对性更强的风险防范措施。

参考文献

［1］程惠芳，阮翔. 用引力模型分析中国对外直接投资的区位选择［J］. 世界经济，2004（11）：1~8.

［2］成思危. 中国境外投资的战略与管理［M］. 北京：民主与建设出版社，2001.

［3］杜能. 孤立国同农业和国民经济的关系［M］. 北京：商务印书馆，1986.

［4］樊纲，徐永发. 中国对外直接投资：战略、机制与挑战［M］. 北京：中国经济出版社，2017.

［5］郭铁民等. 中国企业跨国经营［M］. 北京：中国发展出版社，2002.

［6］国家发展和改革委员会. 中国对外投资报告（2017年）［M］. 北京：人民出版社，2017.

［7］何骏. 中国服务业国际化水平提升研究［M］. 上海：上海人民出版社，2015.

［8］贺书锋，郭羽诞. 中国对外直接投资区位分析：政治因素重要吗？［J］. 上海经济研究，2009（3）：3~10.

［9］洪涛. 中国改革开放与贸易发展道路［M］. 北京：经济管理出版社，2013.

［10］胡志军. 中国民营企业海外直接投资［M］. 北京：对外经济贸易大学出版社，2015.

[11] 季剑军. 经济新常态下中国服务业对外开放研究 [M]. 北京: 知识产权出版社, 2016.

[12] 江泽民. 江泽民文选（第2卷）[M]. 北京: 人民出版社, 2006.

[13] 江小涓, 杜玲. 国外跨国投资理论研究的最新进展 [J]. 世界经济, 2001 (6): 71~77.

[14] 林芳竹, 李孟刚, 季自力. 中国海外投资风险防控体系研究 [M]. 北京: 经济科学出版社, 2014.

[15] 李桂芳. 中国企业对外直接投资分析报告 (2015) [M]. 北京: 中国人民大学出版社, 2015.

[16] 刘红忠. 中国对外直接投资的实证研究及国际比较 [M]. 上海: 复旦大学出版社, 2001.

[17] 李敬, 冉光和, 万丽娟. 中国对外直接投资的制度变迁及其特征 [J]. 亚太经济, 2006 (6): 81~84.

[18] 卢进勇. "走出去"战略与中国跨国公司崛起——迈向经济强国的必由之路 [M]. 北京: 首都经济贸易大学出版社, 2012.

[19] 鲁明泓. 制度因素与国际直接投资区位分布: 一项实证研究 [J]. 经济研究, 1999 (7): 57~66.

[20] 吕立山. 国际并购游戏规则: 如何提高中国走出去企业成功率 [M]. 北京: 机械工业出版社, 2017.

[21] 鲁桐. WTO与中国企业国际化 [M]. 北京: 经济管理出版社, 2007.

[22] 李雪欣. 中国跨国公司论 [M]. 沈阳: 辽宁大学出版社, 2002.

[23] 李自杰. 中国企业对外直接投资的动机与路径研究 [M]. 北京: 中国人民大学出版社, 2015.

[24] 刘忠庆. 对外直接投资促进体制的建立与完善 [J]. 国

际经济合作, 2011 (3): 25~28.

[25] 梅冠群. 基于日本经验的中国对外投资政策选择研究[J]. 亚太经济, 2017 (2): 71~79.

[26] 马先仙. 中国企业对外直接投资的区位选择[J]. 国际商务, 2006 (1): 5~10.

[27] 马淑琴等. 国际经济合作教程[M]. 杭州: 浙江大学出版社, 2013.

[28] 聂名华. 中国企业对外直接投资风险分析[J]. 经济管理, 2009 (8): 52~56.

[29] 苏丽萍. 对外直接投资: 理论、实践和中国的战略选择[M]. 厦门: 厦门大学出版社, 2006.

[30] 宋伟良. 论中国对外直接投资的产业选择[J]. 经济社会体制比较, 2005 (3): 111~115.

[31] 陶攀, 荆逢春. 中国企业对外直接投资的区位选择——基于企业异质性理论的实证研究[J]. 世界经济研究, 2013 (9): 74~81.

[32] 太平, 李娇. 开放型经济新体制下中国对外直接投资风险防范体系构建[J]. 亚太经济, 2015 (4): 122~127.

[33] 滕维藻, 陈荫枋. 跨国公司概论[M]. 北京: 人民出版社, 2001.

[34] 武海峰, 陆晓阳. 国际直接投资发展研究[M]. 北京: 中国财政经济出版社, 2002.

[35] 王辉耀, 孙玉红, 苗绿. 中国企业全球化报告 (2014) [M]. 北京: 社会科学文献出版社, 2014.

[36] 王辉耀, 孙玉红, 苗绿. 中国企业全球化报告 (2015) [M]. 北京: 社会科学文献出版社, 2015.

[37] 王辉耀, 苗绿. 中国企业全球化报告 (2016) [M]. 北京: 社会科学文献出版社, 2016.

[38] 王辉耀, 苗绿. 中国企业全球化报告（2017）[M]. 北京: 社会科学文献出版社, 2017.

[39] 吴昊, 宋龙飞. 华为工资对外直接投资策略探析[J]. 北京: 安徽理工大学学报（社会科学版）. 2017 (3): 61~64.

[40] 吴文武. 跨国公司新论[M]. 北京: 北京大学出版社, 2000.

[41] 王梅. 中国投资海外质疑、事实和分析[M]. 北京: 中信出版社, 2014.

[42] 王钦. 跨国公司并购中国企业——动因、效应与对策研究[M]. 北京: 中国财政经济出版社, 2005.

[43] 王巍, 张金杰. 国家风险: 中国企业的国际化黑洞[M]. 南京: 江苏人民出版社, 2007.

[44] 吴先明. 中国企业对外直接投资论[M]. 北京: 经济科学出版社, 2003.

[45] 韦宇飞, 段然. 基于内外部影响因素的企业并购动机分析——以万达信息并购案为例[J]. 财会通讯, 2017 (4): 44~50.

[46] 王永钦, 杜巨澜, 王凯. 中国对外直接投资（ODI）区位选择的决定因素: 制度, 税负和资源禀赋[J]. 经济研究, 2014 (12): 126~142.

[47] 王志乐. 中国跨国公司需要强化合规经营[J]. 亚太经济, 2012 (4): 103~109.

[48] 项本武. 东道国特征与中国对外直接投资的实证研究[J]. 数量经济技术经济研究, 2009 (7): 33~46.

[49] 徐登峰. 中国企业对外直接投资进入模式研究[M]. 北京: 经济管理出版社, 2010.

[50] 徐婧, 朱启荣. 对外直接投资政策体系的问题与对策[J]. 国际经济合作, 2008 (5): 9~13.

[51] 邢建国. 对外直接投资战略抉择 [M]. 北京：经济科学出版社，2013.

[52] 邢天添，于杨. 借鉴日本经验完善我国对外直接投资税收激励政策 [J]. 税务研究，2017（1）：83~86.

[53] 杨大楷，应溶. 中国企业FDI的区位选择分析 [J]. 世界经济研究，2003（1）：25~28.

[54] 阎大颖. 中国企业对外直接投资的区位选择及其决定因素 [J]. 国际贸易问题，2013（7）：128~135.

[55] 杨杰，祝波. 发展中国家对外直接投资理论的形成与演进 [J]. 上海经济研究，2007（9）：19~23.

[56] 姚枝仲，李众敏. 中国对外直接投资的发展趋势与政策展望 [J]. 国际经济评论，2011（2）：125~140.

[57] 余珮，孙永平. 集聚效应对跨国公司在华区位选择的影响 [J]. 经济研究，2011（1）：71~82.

[58] 尹小剑. 中国企业对外直接投资的产业选择研究 [M]. 北京：经济管理出版社，2014.

[59] 赵蓓文等. 中国企业对外直接投资与全球投资新格局 [M]. 上海：上海社会科学出版社，2016.

[60] 赵春明，何艳. 从国际经验看中国对外直接投资的产业和区位选择 [J]. 世界经济，2002（5）：38~41.

[61] 郑春霞. 中国企业对外直接投资的区位选择研究 [M]. 北京：中国社会科学出版社，2011.

[62] 查道炯，李福胜，蒋姮. 中国境外投资环境与社会风险案例研究 [M]. 北京：北京大学出版社，2014.

[63] 宗芳宇，路江涌，武常岐. 双边投资协定，制度环境和企业对外直接投资区位选择 [J]. 经济研究，2012（5）：71~82.

[64] 张明，王永中. 中国海外投资国家风险评级报告（2015）[M]. 北京：中国社会科学出版社，2015.

[65] 张默含. 中国对外直接投资：总体趋势与政策变迁 [J]. 经济研究参考, 2014 (64): 60~65.

[66] 张国胜. 中国对外直接投资战略与政策研究 [M]. 北京：经济科学出版社, 2015.

[67] 张慧, 黄建忠. 我国对外直接投资的区位分布与地理集聚效应研究 [M]. 厦门：厦门大学出版社, 2015.

[68] 周啸东, 中国工程企业"走出去"经验与教训 [M]. 北京：机械工业出版社, 2015.

[69] 中国出口信用保险公司. 全球投资风险分析报告 (2016) [M]. 北京：中国财政经济出版社, 2016.

[70] 中华人民共和国商务部、中华人民共和国国家统计局、国家外汇管理局. 2002~2016 年度中国对外直接投资统计公报 [M]. 北京：中国统计出版社, 2003~2017.

[71] 中债资信评估有限责任公司, 中国社会科学院世界经济与政治研究所. 中国对外直接投资与国家风险报告"一带一路"：海外建设新版图 (2017) [M]. 北京：社会科学文献出版社, 2017.

[72] 中央电视台《跨国并购》节目组. 跨国并购 [M]. 北京：电子工业出版社, 2012.

[73] Aleksynska M., Havrylchyk O. FDI from the south: The role of institutional distance and natural resources. European Journal of Political Economy. 2013 (29): 38~53.

[74] Aliber R. Z. Money, multinationals and sovereigns. The Multinational Corporations in the 1980s, Cambridge Mass. 1983.

[75] Buckley P. J., M. C. Casson. The Future of Multinational Enterprise. London: Macmillian. 1976.

[76] Buckley P. J., Clegg L. J. and Cross A. R. et al. The determinants of Chinese outward foreign direct investment. Journal of international business studies. 2007, 38 (4): 499~518.

[77] Busse M. , J. Koniger and P. Nunnenkamp. FDI Promotion through Bilateral Investment Treaties: More Than A Bit. Review of World Economics. 2010 (146): 147~177.

[78] Coase R. H. The nature of the firm. Economica. 1937. Vol. 4. November: 386~405.

[79] Desbordes R. , Vicard V. Foreign direct investment and bilateral investment treaties: An international political perspective. Journal of Comparative Economics, 2009, 37 (3): 372~386.

[80] Dunning J. H. International Production and Multinational Enterprises. George Allen & Uwin. London. 1981.

[81] Dunning J. H. Trade, location of economic activity and the MNE: A search for an eclectic approach. The international allocation of economic activity. Palgrave Macmillan UK. 1977: 395~418.

[82] Dunning J. H. Towards An Eclectic Theory of International Production: Some Empirical Tests [J]. Journal of International Business Studies. 1980 (11): 9~31.

[83] Dunning John H. The Eclectic Paradigm of International Production: Restatement and Possible Extensions [J]. Journal of International Business Studies, Spring, 1988: 11~13.

[84] Fujita M. , P. Krugman A. J. Venables. The Spatial Economy: Cities, Regions and International Trade [M]. The MIT Press. Cambrige, MA. 1999.

[85] Henisz W. J. , A. Delios. Uncertainty, Imitation, and Plant Location: Japanese Multinational Corporations, 1990 - 1996 [J]. Administrative Science Quarterly. 2001 (46): 443~475.

[86] Hymer S. H. The International Operation of National Firms [M]. Phd. Dissertation, MIT. 1960.

[87] Johanson J. , Vahlne J. E. The internationalization process of

参考文献

the firm—a model of knowledge development and increasing foreign market commitments [J]. Journal of international business studies. 1977, 8 (1): 23~32.

[88] Knickerbocker Frederik T. Oligopolistic Reaction and the Multinational Enterprise [M]. Harvard University Press. Cambridge, 1973.

[89] Kojima Kiyoshi. Direct Foreign Investment: A Japanese Model of Multinational Business Operation [M]. London: Croom Helm. 1978.

[90] Krugman P. Geography and Trade [M]. Leuven University Press and MIT Press. 1991.

[91] Krugman P., Venables A. J. Globalization and the Inequality of Nations [R]. National Bureau of Economic Research, 1995.

[92] Lall Sanjaya. The New Multinationals [M]. Chichester: John. Wiley & Sons. 1983.

[93] Lu J. W., Beamish P. W. The internationalization and performance of SMEs [J]. Strategic management journal. 2001, 22 (6~7): 565~586.

[94] Luo Y., Tung R. L. International expansion of emerging market enterprises: A springboard perspective [J]. Journal of international business studies. 2007, 38 (4): 481~498.

[95] Porter M. E. The competitive advantage of notions [J]. Harvard business review. 1990, 68 (2): 73~93.

[96] P. J. Buckley, M. C. Casson. The Future of Multinationals [M]. London: Macmillan Press, 1976: 39~75.

[97] R. Vernon. International Investment and International Trade in the Product Cycle [J]. Quarterly Journal of Economics, 80th 1966: 190~207.

[98] S. Hymer: International Operations of National Firms: A Study of Direct Foreign Investment [D]. Doctoral Dissertation Massa-

chusetts Institute of Technology, 1960: 85~86.

[99] Vernon, R. International Investment and International Trade in the Product Cycle [J]. Quarterly Journal of Economics. 1966, May: 190~207.

[100] Vernon, R. The product cycle hypothesis in a new international environment [J]. Oxford Bulletin of Economics and Statistics. 1979, 41 (4): 255~267.

[101] Wells Louis T. Third World Multinational: The Rise of Foreign Direct Investment from Developing Countries [M]. Mass: MIT Press, 1983.